Elke Haut

Skurrile Geschichten

Elke Haut

Skurrile Geschichten

Rediroma-Verlag

Bibliografische Information der Deutschen Nationalbibliothek:
Die Deutsche Nationalbibliothek verzeichnet diese Publikation in der Deutschen Nationalbibliografie; detaillierte bibliografische Daten sind im Internet über http://dnb.ddb.de abrufbar.

ISBN 978-3-86870-946-9

Umschlagillustration: Elke Koch

www.rediroma-verlag.de
9,95 Euro (D)

Vorwort

<*Die Fähigkeit glücklich zu sein, ist eine seltene Gabe und entspringt allein der Phantasie*>

Skurrilität der Gedanken, aber auch reizvolle Vorstellungskraft wird hier in den Mittelpunkt des Geschehens gestellt. Das unmöglich Gedachte, gewollt und auch schon gleich wieder verworfen, mahnend im erschreckenden Erkennen, muss nicht unwiderruflich auf Abwege führen, um den Boden einer realen Welt zu verlassen.

Immer wieder kämpft der Mensch gegen seine eigenen Schwächen und Unzulänglichkeiten an. So gibt es in diesem Spiel weder Gewinner noch Verlierer. Wie auf einem Schachbrett bewegen sich die Figuren nur in kleinen Schritten umeinander herum, sich belauernd, fast ängstlich den letzten entscheidenden Zug des Gegners zum Schachmatt abwartend. Die Gedanken anderer Menschen lassen sich einfach nicht erkennen, schon gar nicht einfangen, deshalb sollte man vor ihnen auf der Hut sein,
<*das Böse bleibt wesentlich bestehen*>.

Glücklicherweise steht ein derartiger Realismus der Phantasie nicht unbedingt im Wege. Im Gegenteil, ein auf verschiedenen Ebenen empfundenes Leben scheint der einzige Garant für dieses einmalige Geschenk zu sein.

Inhalt

Jac der Clown

Vielleicht wäre alles anders gekommen, wenn Elfi den Familiennamen ihres Onkels Jac, des Bruders ihrer Mutter, getragen hätte. Nicht nur vielleicht, sicher! So aber war ihr Schicksal schon fast vorausbestimmt, in eine Bahn gelenkt, die sie selbst wohl am wenigsten zu ändern vermochte. Es traf eben nicht zu, dass man aus seinem Leben alles machen konnte was man wollte. Wäre Onkel Jac ihr Vater geworden, hätte sie sicher alles gefunden, was ihrer Vorstellung von einem Leben entsprach. Ihr Vater aber musste schon in jungen Jahren ein Greis gewesen sein, denn seine Erziehungsmethoden waren mehr als antiquiert und äußerst konservativ.

Trotzdem hatte ihre bedauernswerte Mutter zu irgendeiner Zeit einmal Gefallen an ihrem Vater gefunden, sonst wäre sie sicher nicht mit ihm verheiratet gewesen. Seine Strenge, die einer Härte des Herzens entsprang, war Elfi von klein auf zuwider. In ihren Augen musste ein Mensch lachen und weinen können, so wie es der Onkel Jac zu tun vermochte. Ihre Mutter hatte dies als Mädchen sicher auch gekonnt, denn Elfi war mehr nach ihr geraten und trug nicht die finstere Miene ihres gestrengen Vaters zur Schau, das zum Glück! Trotzdem wünschte Elfi sich von Anfang an in die Obhut ihres geliebten Onkels Jacolito, wie sie ihn oft zärtlich nannte. Als Elfie älter wurde, durfte sie ihn dann einfach Jac nennen. Er, der Clown hatte seinen Beruf bei einem älteren Kollegen von der Pike auf erlernt. Er konnte fast alles, was sich in einem pantomimischen Theater vorstellen ließ. War seine schulische Ausbildung dadurch etwas zu kurz gekommen, da er schon als Junge ständig auf Reisen sein musste, empfand Elfie das überhaupt nicht als störend. Im Gegenteil, Jac hatte so viel mehr an Erfahrungen und Weisheiten zu bieten, als es ihrem immer klugen Vater jemals in den Sinn gekommen wäre.

Nur bei ihm, dem Clown Jac, lernte Elfi zu leben und zu lieben, schon seine Anwesenheit genügte, um in ihr Empfindungen zu öffnen, ängstliche Träume und Phantasien zu entschlüsseln.

Leider waren die Tage, etwas vom wirklichen Leben in der Welt zu erfahren, dünn gesät, denn Elfi konnte ihren Onkel nur in den Ferien besuchen. Dann reiste sie mit ihm in seinem Wohnwagen und war glücklich. Der Vater hatte große Pläne für ihre Zukunft. Als Musiker eines angesehenen Orchesters, wollte er eine Pianistin aus ihr werden lassen. Aber nach beendetem Studium reichte es bei Elfi gerade zur Musiklehrerin und das war ihr recht.

Zusätzlich brauchte sie den ungeliebten Beruf niemals auszuführen, da sie sich durch frühe Heirat dem Erfolgsmartyrium elterlicher Gewalt entzog. Ihren Ehemann Bruno lernte Elfi auf einem Faschingsball des Konservatoriums kennen. Er war ein starker Mann mit kindlichem Gemüt und reich. Bruno leitete die Bierfirma seines früh verstorbenen Vaters mit Erfolg. Sie hatten keinerlei finanzielle Probleme. Elfi liebte ihren Mann, wenn auch anders als Jac, was ganz natürlich schien.

Hätte sie Bruno normal auf der Straße oder in irgendeinem Café kennengelernt, er wäre ihr sicher gar nicht besonders aufgefallen. So aber, auf jenem Faschingsball, musste er ihr einfach ins Auge stechen. Da niemand unkostümiert erscheinen durfte, hatte sich der stille Bruno die Verkleidung als Bajazzo einfallen lassen. Seine Anwesenheit unter all den Musikstudenten war wirklich Zufall, vielleicht aber auch auf die Anziehungskraft seines prallgefüllten Geldbeutels zurückzuführen. Jedenfalls bemerkte Elfi ihn zuerst wegen seines Clown Kostüms und später, im Verlauf des Abends stellte sie dann fest, dass er sogar witzig sein konnte, also schien er Phantasie zu besitzen. Nach einigen Gläsern Sekt wagte sich Bruno schließlich Elfi zum Tanz aufzufordern, wobei er sich recht ungeschickt anstellte. Es passte zu seiner Verkleidung und gefiel Elfi deshalb.

Sie selbst trug das Kostüm einer Kolumbine. Ihrer schillernden Fröhlichkeit musste der Bajazzo verfallen. Und das geschah auch prompt an diesem ersten gemeinsamen Abend.
Kurze Zeit darauf wurden sie ein Paar.

„Solange du mich liebst, wird alles gut bleiben“, das sagte Bruno mehr als einmal zu seiner Frau. Vom ersten Augenblick des Kennenlernens an, wusste Elfi, dass Bruno von ihr abhängig sein würde. Warum das so war, sie hatte eben doch etwas von ihrem Vater geerbt.
Sie konnte kalt und hart sein. Das wusste Elfi aber erst seit ihrer Ehe mit Bruno, genauer gesagt, seit zwei Jahren. Es erschreckte sie anfangs, jetzt fing sie an, davon fasziniert zu sein. War sie doch nicht wie Jac, wollte sie sich mit aller Gewalt an ihr Vorbild klammern. Es schien ihr zu entrücken, je mehr sie daran dachte. Die Schuld daran gab sie Bruno, der Jac zumindest in seiner Güte zu ähneln schien. Ansonsten waren die beiden Männer wohl wirklich in nichts zu vergleichen.

Sie hatte nur ein schwaches Abbild ihres Idols geheiratet, das wurde immer deutlicher. Bruno würde nie, auch nur annähernd den Platz des Onkels in ihrem Herzen einnehmen. Manchmal dachte Elfi, dass sie überhaupt nur einer Liebe fähig bleiben würde. Nun hatte sie einen Mann, der in seiner Verliebtheit ihren Phantasien entgegen zu kommen schien. Sie hatte anfangs so viel Vertrauen in Bruno gesetzt, versucht, gemeinsam mit ihm einem eintönigen Leben zu entfliehen. In der letzten Zeit kam er ihren Bedürfnissen nicht mehr nach, begann zu ermüden, konnte ihre Erlebnisgier nicht mehr befriedigen. Bruno schien das alles nicht zu bemerken. Er wähnte seine Frau glücklich, denn er tat alles zu ihrer Zufriedenheit. Diese ergebene Bescheidenheit in seinen himmelblauen Augen, dieses ewig aufmunternde Lächeln, wenn sie abends gemütlich beieinander saßen.

Manchmal hielt Elfi es nur noch aus, wenn sie viel Cognac trank und dann in sich hineinkroch. Ganz in ihrem Innern war noch alles in Ordnung, da lebte der Clown Jac, der Mann, der ihre Träume fest in seinen Händen hielt.

Bruno freute sich jeden Abend erneut auf sein Zuhause. Dort gab es Elfie und das war für ihn schon mehr Erdenglück, als es sonst normal Sterblichen zuteilwurde. Heute war für ihn ein besonderer Tag. Übermorgen, an ihrem Geburtstag, würde dann

auch Elfi wissen, warum er in den letzten Wochen so nervös und wenig bei der Sache war.
Er hatte eine große Überraschung für seine Frau vorbereitet. Dem Puppenmacher, der sein Geschenk anfertigte, konnte er nur größtes Lob aussprechen. Bruno wusste wie sehr Elfi ihren Onkel Jac liebte und er war darauf auch gar nicht eifersüchtig.
Seit einiger Zeit entdeckten sie zur Abwechslung ein gemeinsames neues abendliches Spiel und er hatte nun die grandiose Idee, diesem Vergnügen ein Sahnehäubchen aufzusetzen, um die Spannung seiner Elfi noch zu erhöhen. Zusätzlich könnte er sich zwischendurch ein wenig ausruhen, denn Jac würde für ihn weiter spielen. So hatte er es sich ausgedacht. Was würde Elfi für Augen machen, wenn sie ihren Onkel lebensgroß vor sich sah und noch mehr. Jac konnte einfach alles. Davon überzeugte sich Bruno heute beim Puppenmacher. Der Clown war der leibhaftige Triumph der Technik. Man hielt nur eine kleine Fernbedienung in der Hand, sendete durch Tastendruck elektronische Signale und schon erwachte Jac zum Leben. Die Puppe war wirklich überzeugend echt und Elfi würde sicher vergessen, dass dieser Jac nur aus Silikon war. Im Fond seines Wagens, noch verborgen in einer Kiste, lauerte eine schwelende Gefahr, doch daran dachte der etwas einfältige Bruno nicht, während er fröhlich lächelnd das schwere Auto in die Garage steuerte.

Als er den Karton mit beiden Händen kräftig herauszog, schlugen die Glieder der Puppe wie warnend gegen die einengenden Pappwände. Auch das erfreute Brunos Gemüt. Nun musste er sich aber zusammen nehmen. Elfi sollte wirklich noch nichts von der großen Überraschung merken. Als er sein Haus betrat, war er wieder einigermaßen normal in der Reihe. Es gelang ihm, sogar nach dem Abendbrot, die Zeitung zu lesen oder wenigsten so zu tun als ob. Inzwischen klapperte Elfi mit dem Abwasch in der Küche. Vertraute Geräusche, kleine Alltäglichkeiten, die ihn noch heute mit Zufriedenheit erfüllten. Bald würde sie mit ihrer Hausarbeit fertig sein und sich zu ihm auf die Couch setzten.

Wenn sie zärtlich wurde, indem sie ihm die Zeitung sanft herunterdrückte, begann ihr abendliches Spiel.
Heute war die Nummer fünf an der Reihe. Eine Nachbildung des Kostüms von Charlie Rivel.

Bis zur Nummer acht, dem Kostüm von Onkel Jac war ja noch Zeit und bis dahin hatte Elfi auch Geburtstag. Er brauchte sich wirklich in nichts zu beunruhigen. Das Fehlen des Kostüms ihres Lieblingsonkels würde sie nicht bemerken.
Und doch ging es nicht so recht. Brunos Blick war unsicher, als sich Elfi nun begehrlich lächelnd zu ihm setzte und schnurrte. „Was ist los Dickerchen, muss ich dich erst wieder anheizen, damit du für mich spielst?“ Dann zupfte sie ihn am ohnehin schon glutroten Ohrläppchen. Und wieder musste er an das noch schlafende Wesen in der dunklen Garagenecke denken. Was machte es ihm schon aus, wenn er in Zukunft ein Stück von seinem Kuchen abgab. Nur der selbstlos Liebende, sollte auch empfangen dürfen. Noch immer liebkoste Elfi sein Ohrläppchen und er spürte, wie es unter ihren geübten Lippen heiß und fleischig wurde.

Schon bevor Bruno seine Frau kennen lernte, sehnte er sich nach der Art dieser Zärtlichkeit. Doch wusste er erst seit der Zeit mit Elfi, dass eine derartige Wollust in ihm steckte. Elfi hatte etwas Gefährliches in ihm geweckt und das ließ sich mit seiner gutbürgerlichen Erziehung eigentlich gar nicht vereinbaren. Jedoch gefiel es ihm, und vor allen Dingen empfand ja auch sie Freude daran.

So genoss er die spitzen Küsse, die nun wie Nadelstiche auf seinen Nacken niedersausten.
Allmählich kam er in Hochform und es wurde Zeit, sich in das Ankleidezimmer im oberen Stockwerk zurück zu ziehen.

Elfi erwartete von ihm Beherrschung und gerade jetzt, im Augenblick größter körperlicher Anspannung, musste er sich von ihr trennen. Das gehörte zu den Regeln ihres Spiels.

Lieber wäre er gestorben, als sich einmal eine Blöße zu geben. So löste er sich aus der Umarmung seiner geliebten Frau und tappte schweren Schrittes in das kleine Zimmer hinauf.

Wie konnte er da sehen, dass Elfi mit zitternden Händen zur Cognacflasche griff und sie begierig an den Mund setzte.

Dieses kleine Räumchen zum Umziehen und Schminken betrat Elfi nie, noch nicht einmal zum Staubwischen. Nur Bruno hatte den Schlüssel dazu. Auch das musste so sein. Alles sollte für Elfi eine Überraschung bleiben, obwohl sie natürlich genau wusste, welches Kostüm er heute anzog. Sein Repertoire bestand aus zwölf verschiedenen Nummern mit verschiedenen Kostümen. Bruno änderte das Programm nie, auch nicht, wenn Elfi ihn ausdrücklich darum bat und anflehte.

Das hatte er einmal auf ihren Wunsch hin getan und bitter verbüßt. Wenn er daran noch dachte, dieser kalte Blick, diese Verachtung, mit der sie ihn anschließend quälte. Nein, noch nicht einmal mit vorgehaltener Pistole würde sie ihn dazu erweichen. Ein Mann muss hart bleiben können, um der Liebsten zu gefallen. Schade eigentlich! Doch war das leise Bedauern sicher nur wieder ein allzu bürgerlicher Gedanke seinerseits. Wenn ein Mann weder Schönheit noch Charme besaß, musste er sich schon etwas mehr als das Übliche einfallen lassen, um nicht gerade dadurch der Liebling aller Frauen zu werden, wenigstens aber einer Frau zu gefallen. Und daran, dass er Elfi erfreute, glaubte Bruno fest. Als er nun den Kleiderschrank öffnete, um das fast bodenlange rote Trikot Charlie Rivels heraus zunehmen, fiel ihm wieder die Lücke auf, die das Fehlen des Kostüms der Lieblingsnummer „Onkel Jac“ anzeigte. Die buntkarierten weiten Hosen, das schwarz rotgeblümte Jackett mit den zu kurzen Ärmeln und den Herzflicken auf den Ellbogen, die schwarze Schlägermütze, das alles war keine Nachbildung sondern original. Nachdem Onkel Jac mit der Arbeit als Clown aufhörte, um sich ganz einer reichen italienischen Witwe widmen zu können, schickte er die Sachen seiner Nichte zum Andenken.

Mit der Puppe würden auch die Kleider des „Clowns Jac“ in wenigen Tagen zu neuem Leben erwachen.

Schmerzte es Bruno nicht doch, wenn er daran dachte, dass er selbst diese nie mehr tragen würde. Einen kleinen Stich versetzte es ihm nun schon, da musste er ehrlich sein.

Doch würde ein besserer Künstler als er von nun an seine Vorstellung vor Elfi geben. Es war ja auch nur für einmal in zwölf Tagen, wo Bruno einem anderen das Feld zu räumen gedachte.

Nun musste er aber schnell in das rote Trikot schlüpfen. Dann kam die weiße Schminke über das ganze Gesicht. Von Ohr zu Ohr zog er den großen roten Mund mit der schwarzen Kontur darum. Jetzt musste er noch die Augen umranden und zum Schluss folgten die lustigen senkrechten Kohlstriche über Ober- und Unterlid. So, dass war es, jetzt kam der orangerote Haarkranz mit der Stirnglatze. Nur ruhig, es ging schon. Wo lagen die langen Schuhe, aha, Charlie Rivel würde es ihm sicher nicht verübeln, wenn es heute einmal nicht so perfekt ausfiel. Wichtiger schien, dass er Elfi zufrieden stellte. Zum Teufel mit seiner Unkonzentriertheit. Das Bandoneon, unter den Arm geklemmt, konnte Bruno natürlich nicht spielen, aber das störte Elfi nicht. Sicher hatte sie wie immer bei der Nummer fünf schon die CD mit der passenden Musik vorbereitet und brauchte nur auf die Taste zu drücken. In anderen Familien saß man jetzt bestimmt vor dem Fernseher und langweilte sich mit dem Programm. Was er und Elfi abends gemeinsam machten, war schon etwas Besonderes, vielleicht sogar Einmaliges.

Stolz schloss der verkleidete Bruno die Tür seiner Künstlergarderobe hinter sich und schwebte in seinem langen roten Trikot auf riesengroßen Schuhen die Treppe zum Wohnzimmer hinunter. Er war ein vom Schicksal Berufener. Seine Mission hieß Elfi und daran sollte sich nichts ändern solange er lebte.

Als Bruno nach vielen Stunden schon friedlich im Bett vor sich hin schlummerte, lag Elfi noch wach neben ihm. Obwohl sie sich jeden Abend bis zur Erschöpfung liebten, schlief sie trotzdem so schlecht ein. Wieder dachte sie an ihren Onkel Jac, an ihre Sehnsucht nach ihm, an ihr Heimweh nach seiner Welt, die ihr trotz Brunos Bemühung immer mehr zu entrücken schien. Er war ein schlechter tollpatschiger Imitator all der wunderbaren Spaßmacher.

Manchmal kamen ihr die abendlichen Spiele schon lächerlich vor. Dann trank sie schnell einen großen Cognac und schloss die Augen. Sie wollte ihre Phantasie von Brunos spärlichen Darbietungen nicht zerstören lassen. Trotzdem heizte sie ihn zwischendurch immer wieder an. Es war wie eine Sucht, eine ungeheuer animalische Lust, die sie auf irgendeine Weise befriedigen musste. Am meisten erregte sie sich beim Kostüm von Jac. Besäße Bruno ein wenig mehr Phantasie…!

Plötzlich hasste sie ihren Mann, und auch das überkam sie nicht zum ersten Mal, dieses Gefühl des sich feindlich gegen ihn Stellens, diese absolute Ablehnung. Wie kläglich nahm Bruno sich gegen Jac aus! Über leise herunter rinnenden Tränen des Bedauerns und der Wut schlief Elfi dann doch ein, weinte sich hinein in einen süßen Traum.

Nun noch ein Tag bis zur Denkmalsenthüllung, dachte Bruno, wie recht er dachte! Wollte er sich nicht tatsächlich selbst ein Denkmal setzen mit der Puppe Jac. Nicht der sollte leben, er wollte doch Jac sein. Ob er noch einmal zum Nachschauen in die Garage ging. Es war jetzt gerade günstig, denn Elfi befand sich nicht im Haus. Wie stets am Wochenende machte sie Einkäufe und würde sicher nicht so schnell zurück sein.

Der Samstagvormittag hatte für Bruno immer etwas Langweiliges an sich. Ohne seine Elfi fühlte er sich leer und unwohl im Haus. Sicher, er hätte sie bei ihren Besorgungen begleiten können, aber das wagte er sie nicht zu fragen. Warum sollte er nicht wirklich einmal in die Garage gehen und nachsehen. Nur schauen, ob sich noch alles am Platz befand. So ein Unsinn, dachte er dann. Natürlich würde der Karton mit der Puppe noch da stehen, wo er ihn abgesetzt hatte. Trotzdem, vielleicht ließe sich mal schnell ein Blick hineinwerfen. Nur so ein Flüchtiger oder auch ein kleiner Griff in das Innere, in das Wunderwerk der Technik. Seltsam, wenn es ihm einfiel, wurde er ganz aufgeregt und zittrig. Wie entscheidend hatte Elfi sein Leben doch verändert. Welche Herrlichkeiten offenbarten sich ihm seitdem.

Mit Elfi fing alles an, da erst wurde er geboren. Mit ihr würde auch einmal alles enden, in dem Augenblick aufhören zu sein, wo sie sich vielleicht von ihm abwandte oder ihr Herz nicht mehr schlug. So stand es um ihn und er litt in seinem unendlichen Glück, da er sich gegen seine Abhängigkeit nicht zu wehren wusste. Bruno war vergleichbar mit einem Tier in der Gefangenschaft, einem wohlversorgten Affen vielleicht, der trotz seines guten Lebens bei der Herrin etwas gegen sie ausbrütet, um sich seiner goldenen Fesseln eines Tages zu entledigen.

Instinktiv aber spürte Bruno, dass, was er auch ersann, sich immer nur gegen ihn selbst richten würde. Darum war diese Angst in ihm, diese feige Demut vor ihren Entscheidungen. Vielleicht war die Puppe Jac der Anfang einer Befreiung. Sollte Elfi nur ihrem Onkel Jac huldigen, dergleichen wurde ihm sowieso nicht zu teil. Trotzdem würde auch er mehr als bisher auf seine Kosten kommen.

Sicher war es ein verrückter Plan, den er da ausheckte. Aber es handelte sich ja um Elfi und dafür musste er endlich einmal etwas riskieren. So ging Bruno hoch erhobenen Hauptes hinunter in die Garage. Festen Schrittes, als müsse er sich dadurch bestätigen, seine unheimliche Angst überwinden, näherte er sich dem großen Pappkarton in der dunkelsten aller Ecken. Da er kein Licht machen wollte, nahm er die Taschenlampe vom Regal und knipste sie an. Nun sah er es. Unbarmherzig schien der Lichtkegel auf den geöffneten Karton. Mit stieren Augen glotzte die Puppe ihn daraus an. Drohend schien ihr Blick, verräterisch. Das blasse Silikongesicht war übersät von Lippenstiftspuren, über und über verschmiert mit diesem ekelhaften rosa Farbton, den Bruno allzu gut kannte. Etwas wie Hass wallte in ihm auf. Hass auf Jac, Hass auf Elfi. Aber schnell beruhigte er sich, schon war es wieder gut.

Sich aufzuregen, dafür gab es bestimmt keinen Grund. Elfi hatte eben diesen Karton entdeckt und in Neugier geöffnet. Schade nur, dass es nun mit der Überraschung nicht mehr viel auf sich hatte. Wieder einmal war es seine Schuld, er hätte eben ein besseres Versteck für sein Geschenk aussuchen sollen. Am besten war vielleicht, man vergaß den Vorfall und tat so als sei nichts geschehen. Mit seinem sauberen Taschentuch wischte Bruno die Lippenstiftspuren aus dem Gesicht der Puppe, strich die etwas durcheinander geratenen strohblonden Haare wieder in Form und schob die Schlägermütze in die Stirn hinein. Dann stülpte er den heruntergerutschten Deckel auf den Karton und ging.

Als Elfi von ihrem Einkaufsbummel zurückkam war es schon früher Nachmittag. Bruno hatte sich hingelegt. Das tat er oft am Samstag und sie sah darin nichts Besonderes. Er ermüdete sehr schnell. Nun, sie beanspruchte ihn ja auch ganz schön. Die langen Nächte, ihre Spiele, in denen er sich jedes Mal verausgabte, das alles verlangte seinen Preis. Er stand für gewöhnlich auf, wenn er sie hereinkommen hörte. Das war heute nicht der Fall. Sie ging aber auch nicht zu ihm hinauf, um ihn zu wecken.

Sollte er ruhig weiter schlafen. Es kam ihr gelegen, denn sie hatte in der Stadt einige Cognacs getrunken. So brauchte Bruno sie jetzt wirklich nicht zu sehen. Von all dem Erlebten heute war Elfi sehr durcheinander. Einmal ging ihr die seltsame Puppe in der Garage nicht aus dem Kopf und zum anderen hätte sie beinahe einen Autounfall gebaut. Sie erschrak fast zu Tode, als sie morgens den Kartondeckel abhob. Diese Ähnlichkeit mit Jac! Aber es war ja nur eine Puppe, stumm und unbeweglich. Bruno dachte sich also ein hübsches Geschenk für sie aus, immerhin, das hätte sie ihm nicht zugetraut. Sie stellte sich vor, wie sie demnächst zu dritt auf dem Sofa sitzen würden, die Puppe in der Mitte. Dann musste sie plötzlich lachen, denn sie dachte daran, dass sie dieses eiskalte, künstliche Gesicht tatsächlich abgeküsst hatte, wie absurd. Trotzdem nahm sie sich vor, Bruno nicht die Freude an seinem Geschenk zu verderben.

Bruno schlief schlecht an diesem Nachmittag. Längst hörte er seine Frau nach Hause kommen. Er rührte sich nur nicht, weil er heute einmal trotzig sein wollte. Elfi verletzte ihn doch mit ihrer Unbedachtsamkeit, aber er wollte mit ihr nicht böse sein. In Zukunft sollte sie aber schon etwas achtsamer mit seinen Gefühlen umgehen, sonst….

Was denn schon sonst, warum störte ihn mit einem Mal alles. Was blieb ihm nun noch als Überraschung für den morgigen Tag. Elfi hatte die Puppe gesehen, das war eindeutig klar.
Andererseits wusste sie natürlich nichts von ihrer Beschaffenheit, wie man Jac zu vollem Leben erweckt, war sein Geheimnis allein. Später vielleicht, wenn Elfi sehr lieb zu ihm blieb, würde er auch sie in die Praktik des kleinen Apparates einweihen.

Vorerst aber nicht. In dieser Software steckte so viel Kraft, dass er sie sogar noch von seinem Betrieb aus steuern konnte.
Als er an die Späße dachte, die er und Elfi sich demnächst leisteten, wurde ihm schon wieder leichter ums Herz. Elfi machte sicher Augen. Bei dem Gedanken blieb er erst recht im Bett liegen. Ein Hochgefühl überflutete ihn nun und er genoss diesen kurzen Zustand herrischer Überlegenheit.

Nun, da beide Ehepartner um Jac in der Garage wussten, benahmen sie sich sehr höflich und zuvorkommend gegeneinander. Der Abend vor Elfis Geburtstag verlief harmonisch und wie gewöhnlich. Nach ihrem Clown Spiel schliefen sie sogar noch miteinander. Dabei vergaß Bruno völlig, was zwischen ihnen stand. Es handelte sich ja um etwas Schönes, aber auch ganz Neues. Elfi kam ihm in dieser Nacht noch verführerischer als sonst vor und ihre Liebesforderungen brachten ihn beinahe um den Verstand.

Ja, sie war wirklich des größten Gedankens würdig, als Einzige fähig, eine derartige Überraschung zu schätzen. Sie würden mit Jac gemeinsam neu beginnen, im Taumel wilder Liebe, zu ungeahnten Höhen aufsteigen. Das ließ sich nicht mehr aufhalten, so etwas musste bis ins Unendliche wachsen.

Jac würde nicht daran teilhaben, er war ja nur eine lebensgroße steife Puppe, wenn Bruno ihn nicht leben lassen wollte. So viel stand fest, er, Bruno, hielt die Fäden zu allem in der Hand.

Sollte Elfi an der Puppe nur Gefallen finden, das wollte er ja. Jeder Kuss aber, jede Zärtlichkeit an ihr würde letzten Endes ihm und seinem grandiosen Einfall gelten. Endlich wurde Bruno zum Zauberer, zum großen Verführer. Bruno der Teuflische, wer hätte das gedacht. Es war doch leicht in eine andere Haut, war sie auch aus Plastik, hineinzuschlüpfen. Er fühlte sich jetzt schon recht wohl darin. Für morgen früh hatte er seinen Plan. Den großen Karton mit Inhalt wollte er mitten ins Wohnzimmer stellen und dann Elfi herein bitten. Er selbst würde anschließend verschwinden und durch das Schlüsselloch der Nebenzimmertür alles beobachten und natürlich das Spiel mit Jac in Gang setzen.

Der Morgen des Geburtstages kam. Es war der Tag, der über alles Gewesene und Kommende entscheiden würde. Noch ahnte keiner der Beteiligten seine Ausmaße, seine rollenden Bewegungen.

Was lange im Raum lauerte, die Luft bereits verpestete, begann sich nun in unerhörter Weise breitzumachen. Wie ein schlüpfriger Grottenolm im Dunkeln des Felsens lauert und sich nicht fassen lässt, rollte eine unsichtbare Bombe mitten in das Herz zweier Menschen hinein.

Schon stand die geheimnisträchtige Pappkiste inmitten des Wohnzimmers. Bruno hatte sich bereits hinter seinem Schlüsselloch verborgen und Elfi befand sich nun doch allein, ängstlich, fast verschüchtert vor dem Karton. Voller Scheu streckte sie die Hand danach aus, um den Deckel an einer Ecke aufzuheben. Im gleichen Augenblick ging es wie eine Erschütterung durch die leichten Pappwände. Hastig, wie elektrisiert zog sie die Hand zurück.

Langsam lüftete sie dann doch die Pappe, als weiß behandschuhte Finger sich durch die grösser werdende Öffnung schoben, nach oben schnellten und den Deckel vollends abwarfen.

Lachend schoss die Puppe Jac in die Höhe. Während sie aus dem Karton stieg, zogen unzählige lustige Fältchen über ihr Gesicht. Dann blieb Jac vor der versteinert wirkenden Elfi stehen und streckte die Arme nach ihr aus. „Nein, nein“ stammelte Elfi. „Du bist es doch gar nicht Jac, du kannst es gar nicht sein.“ Nun wurde sie von der Puppe umarmt. Sie wollte sich wehren, konnte es nicht in ungläubigem Staunen. Eine ungeheure Anziehung ging von diesem ferngesteuerten Wesen aus. Langsam verflog die Angst in Elfi. Sie entspannte sich, denn ein anderes, fast vergessenes, neu erwachendes Gefühl machte sich in ihr breit. Diese Späße der Kindheit, dieses sich in einem anderen Menschen verlieren können, alles stand wieder leibhaftig vor ihr. Völlig benommen und verzaubert, merkte Elfi nicht, dass Bruno mittlerweile eingetreten war und sich hinter der Puppe versteckte. Auch Brunos belegte Stimme wurde zum Trauma ihrer Jugend, zum Traum von Jac, als er sprach, „süße Elfi, du wirst jetzt alles für mich tun, was ich dir befehle. Du wirst mich achten und lieben, wie ich es will. Dein Körper soll mir gehören, mir allein. Wirst du immer daran denken.“ Sie seufzte, „ja Jacolito, tausendmal ja. Ich werde dich allein lieben bis ans Ende aller Tage.“ So fing es an.

Sie hatten sich alle drei, Jac gehörte von nun an natürlich dazu, sehr schnell mit der neuen Situation vertraut gemacht. Bruno war glücklich, da er Elfi häufiger zärtlich stimmen konnte.

Er behielt wirklich die Fäden in der Hand. Da es anderen Menschen, wie zum Beispiel seinen Geschäftspartnern auffiel, dass er selbstsicherer geworden war, florierte auch seine Bierfirma famos. Sie hatten eigentlich keine Sorgen und Elfi erfüllte ihm neuerdings jeden Wunsch. Immer war der silbrige Glanz in ihren Augen und ihre Lippen glänzten feucht und verlockend.

Mit der Puppe Jac war eine neue Ära angebrochen. Jeder liebte den erfolgreichen Bruno und seine schöne, seltsam aufgeblühte Frau. Manchmal dachten die Freunde für sich,

„wenn da nicht der Teufel die Hand im Spiel hat“, doch keiner wagte das auszusprechen. Was man neidet, das meidet man gern und so hielten sich Elfi und Bruno doch meistens für sich. Es war auch besser so. Wem hätte man schon eine Erklärung für das neue Glück geben können. Jac bekam sein eigenes Zimmer eingerichtet. Es war ausgestaltet wie ein Circus Zelt von innen, mit Masten, gepolsterten Logenbänken und einer kleinen Manege in der Mitte. Es war sicher feudaler, luxuriöser als in der Wirklichkeit und der Baldachin in nachtblau mit silbernen Sternen hing etwas schwer von der Decke herunter, aber das schien für Jac, den Kostbaren, gerade gut genug.

Dort saß er in der Zeit, wo sie ihn nicht beschäftigten und wartete. Während der Arbeit in seinem Betrieb erlaubte sich Bruno oft einen Scherz mit Elfi. Dann programmierte er die Puppe Jac darauf, Elfi im Haus zu suchen. Ein Kontrollfeld in der Elektronik zeigte ihm an, ob der Auftrag ausgeführt wurde. Drückte er dann die Taste <Reaktion>, konnte Elfi Jac durch ihre eigenen Bewegungen und Berührungen reagieren lassen. Diese Funktion ging über die Wärmeausstrahlung ihres Körpers. Eine gewaltige Erfindung fand Bruno, wenn es ihn auch beunruhigte, nicht zu wissen, was sie nun gerade mit Jac anfing.

Wurde ihm die Anspannung zu viel, stellte er das Gerät einfach ab. So kam es oft vor, dass er Jac beim nach Hause kommen irgendwo in zusammengesunkener Haltung auf dem Boden liegend fand. Es wäre für Elfi nicht schwer gewesen, ihn in sein Zimmer zurückzutragen. Das Material aus dem er gefertigt war, entsprach längst nicht dem Körpergewicht des wirklichen Jac. Aber Elfi scheute davor zurück die <tote Puppe>, wie sie sich dann ausdrückte, zu berühren.

Letztens lag Jac auf dem zerwühlten Bett mit seltsam verkrampften Gesichtszügen, so als hätte Elfi ihm wehgetan. Vielleicht war aber auch Bruno der Übeltäter, weil er die Elektronik in einem für Elfi und Jac unpassenden Augenblick plötzlich abgestellt hatte. Das gab ihm schon einige Rätsel auf. Schließlich würde sie mit Jac doch nicht….

Warum eigentlich nicht? Jac besaß an seinem Körper alles, was auch ein richtiger Mann aufwies. Bruno hatte sich anfangs selbst

davon überzeugt. Sollte Elfi tatsächlich mit Jac etwas Erotisches getan haben? Das Verhalten seiner Frau verriet nichts darüber. Vielleicht benahm sie sich ein wenig unrastig an diesem bewussten Tag, aber das konnte man sich auch einbilden. Schlimm war der Gesichtsausdruck der Puppe, als er sie vom Bett aufnahm, um sie in ihr Zimmer zu bringen. Dieses wollüstige, böse Gesicht, das ihn da hohl anstarrte, davor hatte er sich richtig gefürchtet. Er war auch nicht imstande, mittels seiner Elektronik eine Änderung dieser Grimasse zu schaffen oder den gewohnten friedlichen Ausdruck herzustellen. Alles war da wie verhext.
Zu ihren abendlichen Clown Spielen kamen sie immer weniger, das lag sicher nicht an Bruno.
Er bemühte sich wie gewohnt um die Gunst seiner Zuschauerin. Elfi war es, die sich zu langweilen schien und es ihm eines Abends offen sagte, „weißt du was, du kannst es dir doch jetzt leicht machen, lass Jac für dich spielen, das heißt, fügte sie schmeichelnd hinzu, du bestimmst mit deinem Zauberapparat einfach, was Jac zu spielen hat. Nur möchte ich dich dabei nicht sehen. Es muss wie beim Kasperletheater sein, der wahre Künstler verbirgt sich hinter dem schwarzen Vorhang. Du gehst ins Nebenzimmer und bereitest mir deine abendliche Überraschung, ach ja, mach es doch so, bitte."
Was sollte Bruno darauf schon erwidern, dass die Kostüme da oben im Umkleidezimmer bald verstaubten und die Schminke in den Töpfen langsam vertrocknete. Hatte er Elfi schon jemals wirklich etwas abschlagen können.
Gut, gab es eben nur noch die<Nummer acht> ab jetzt. Vielleicht hatte sie recht, und Jac war wirklich auf die Dauer amüsanter und einfallsreicher als er. So trieben sie also ihre Spiele des Abends nach Elfis Anweisungen und Launen. Sie äußerte ihre speziellen Wünsche und Bruno verschwand im Nebenzimmer mit seiner Elektronik. Manchmal rief sie ihm auch während der Vorstellung von Zimmer zu Zimmer einige Worte zu, das war aber nur, um ihn zu korrigieren. Meistens musste er auf <Reaktion> stellen und dann wurde es vollends langweilig für

Bruno. Endlos zogen sich die stillen Minuten für ihn im Nebenzimmer hinter verschlossener Tür dahin, ließen ihn alles ahnen und befürchten, aber leider fast gar nichts sehen. Schließlich war sein Sichtkreis durch das Schlüsselloch arg beengt. Oft hörte er dann seine Frau leise gurrend lachen, manchmal auch wollüstig stöhnen. Zu gern hätte er die Tür einen Spalt geöffnet. Aber das verboten die Regeln seines Dienstes an Elfi. So saß er meist einsam und recht verlassen da und war auch schon einige Male während seiner stillen Wache eingenickt.

Elfi kümmerte das wenig. Sie bestimmte, wann das Spiel zu Ende war, indem sie es mit lauter Stimme, die er selbst im Schlaf noch hörte, verkündete. Gemeinsam brachten sie Jac dann in sein fürstliches Gemach zurück. Manchmal wagte es Bruno, sich zu beschweren und einmal drohte er seiner Frau sogar die Puppe wieder abzuschaffen. Da entzog sie ihm für zwei lange Wochen ihre Liebesbeweise und sprach sogar von Scheidung, sollte er derartiges tatsächlich tun. Das hatte ihn schnell wieder umgestimmt. Ohne Elfi ging es für ihn nun eben nicht. Sie war seine Nabelschnur, aus der er Leben schlürfte.

Während der Puppenmacher Jac anfertigte, saß Bruno oft Stunden schweigend daneben und schaute ihm bei der Arbeit zu. Das durfte sicher nicht jeder Auftraggeber und Bruno bemühte sich eifrig, den Künstler nicht bei seinem Schaffen zu stören. Gesprochen wurde nur, wenn dieser ihn anredete, oder eine Frage, die äußere Gestalt der Puppe betreffend, an ihn stellte. Die Vergrößerung der Fotografie war sicher gut und ließ schon genaues Arbeiten zu. Es waren nur einige Kleinigkeiten, über die Bruno bessere Auskunft geben konnte.

Zum Beispiel hatte Jac am rechten Nasenflügel einen kleinen Leberfleck in der Form eines Halbmondes mit winzigen schwarzen Härchen darauf und die buschigen dunklen Brauen wuchsen über der Nasenwurzel weizenblond zusammen. Lauter wichtige Einzelheiten, auf die Elfi sicher besonders achten würde.

Auch seine blonden Haare waren in Wirklichkeit weicher und lockiger, als die Fotografie es wiedergab. Bruno hatte Jac nur einige Male gesehen. Aber seltsamerweise waren ihm diese spezifischen Dinge sofort aufgefallen und hatten sich leicht schmerzhaft bei ihm eingeprägt.

Das lag wohl an seiner großen Liebe, die er von Anfang an zu Elfi verspürte und ihn empfindsamer für alles machte, was sie betraf. Dazu gehörte natürlich besonders ihr Onkel Jac, das spürte er sofort. Sie wollte auch gar nichts von ihren Gefühlen, ihre Verehrung für Jac vor Bruno verbergen und das gefiel und beruhigte ihn. Neuerdings schien das nicht mehr der Fall zu sein. Wer sollte ihm denn verübeln, dass er allmählich misstrauisch wurde. Manchmal trieb Elfi es wirklich zu weit, fand er.

Vor allem durfte sie ihn nicht mehr länger bei ihren Spielen ausschließen. Er hatte sich alles schön ausgedacht. Aber jetzt, wie die Dinge sich zu entwickeln schienen, musste er einiges revidieren. Nie würde er Elfi in das Geheimnis der Funktion der Puppe einweihen. Mit Jac konnte er sie erpressen, ihre Liebe erzwingen, obwohl ihm dieser Gedanke Tränen in die Augen trieb. Sie waren zu dritt, das blieb unbestreitbar. Er aber hielt die Fäden in der Hand und diese Tatsache musste Elfi akzeptieren.

Nun hatte sie zwei Männer, dachte Elfi und räkelte sich wohlig im Bett, während Bruno schon längst aus dem Haus war, um seiner Arbeit nachzugehen. Eigentlich waren es ja immer zwei Männer, der eine zur Erfüllung all ihrer Wünsche und der andere für ihre Gefühle, ihre Träume, ihre weiblichen Ungereimtheiten.

Das Licht des Einen verblasste zusehends, während der Andere, der Held ihrer Gedanken zu strahlender Schönheit erblühte. Diese Puppe war ein so bezauberndes Spielzeug, makellos und naturgetreu geschaffen, dass sie für Stunden vergaß, woraus man ihren Körper modelliert hatte. Strich Elfi über das glatte Material hinweg, erwärmte sich dieses unter der Intensität ihrer Berührung. War es auch nur aus Kunststoff, wurde es unter ihren Händen zu fast menschlicher Haut. Jac ließ sich gerne von ihr entkleiden. Weich reagierten seine Glieder auf jede ihrer Bewegung, ein Wunder der Technik, dass sie gar nicht erst begreifen wollte. Wenn sie seine Lippen küsste, öffneten sie sich leicht zitternd und sie spürte die Spitze seiner Zunge. Jegliches an ihm ließ sich bewegen, erwärmte sich durch die Hitze ihres Körpers. Der Rest ihres Lebens würde wohl damit vergehen, alles mit Jac auszuprobieren. Hier war der Phantasie keine Grenze mehr gesetzt. Was machte es da schon aus, dass Jac stumm blieb. Bruno redete sowieso so viel dummes Zeug und langweilte sie mehr, als sie ertragen konnte. Sie hatte den idealen Geliebten, ihren Traummann gefunden. Wurde sie nicht unendlich beschenkt?

Auch Bruno sollte sich eigentlich glücklich nennen. Er hatte Erfolg, Liebe und Anerkennung, wo immer man ihm begegnete. Warum kam da oft diese dumme innere Stimme, die ihm riet, <beende das Ganze, du musst es endlich hinter dich bringen.> Was sollte er beenden, was, wo ihm doch der Erfolg voll entgegen lachte. Nur ein Narr durfte auf so eine innere Stimme hören, sich von ihr verleiten lassen. Früher brachte Elfi es oft fertig ihn zu ängstigen, mit Kleinigkeiten zu erschrecken.

Neuerdings gelang es auch ihm seinen Schabernack mit ihr zu treiben. Kürzlich hatte er sich etwas Tolles geleistet. Es bereitete ihm nicht unbedingt Vergnügen, war aber wie ein neues Spiel. Bei ihren abendlichen Vergnügungen, konnte er ja leider nur noch als Statist mitwirken. Wie immer hatte er abends also die Puppe Jac für Elfi nach ihren Wünschen eingestellt. Dann verließ er auf leisen Sohlen den Nebenraum und bestieg ein vorbestelltes Taxi. Von Geschäftsfreunden kannte er die Adresse eines dieser gewissen Häuser mit der roten Lampe. Ihm blieb nicht mehr Zeit als eine gute Stunde, dann musste er unbedingt wieder brav zu Hause sein und auf Elfis Befehle warten. Es war noch nie vorgekommen, dass sie früher nach ihm rief.

So fuhr er mit lang vermissten abenteuerlichen Gefühlen davon. Es war nicht weit bis zu der Bar und man ließ ihn sofort ein. Hier blieb jeder Bürger anonym, konnte auf vollste Verschwiegenheit bauen. Schnell entschied er sich im schummrigen Licht für eine große Schwarze. Sie wirkte etwas ordinär und männlich. Das störte ihn aber keineswegs. Im Gegenteil, ihr hochaufgeschossener Körper, der dicke Kutscherhintern und die kräftigen Waden war genau das, was er suchte. Nichts sollte an Elfi erinnern, denn sie liebte er ja. Hier vollzog er nur eine Handlung, wollte nur sein Spiel. Als es nach einem hastig getrunkenen Glas Champagner zur Sache ging, nahm er auch diese Hürde mit Erfolg. Für alles brauchte er nicht mehr als eine halbe Stunde. Schon saß er wieder in dem Taxi, dessen Chauffeur er gleich hatte draußen warten lassen und befand sich auf dem Weg nach Hause. Zehn Minuten hin, zehn Minuten zurück, eine halbe Stunde Aufenthalt in diesem Etablissement, das klappte ja vorzüglich.

Auch machte es ihm mehr Spaß, als er vorher dachte. Mit der Schwarzen für Geld im Bett zu liegen, das war schon ein Spiel. Als Elfi nach ihm rief, damit er die Fernbedienung abstellte und die Puppe Jac wieder in das Circus Zelt trug, hatte er sich wieder vollkommen in der Gewalt. Außer einem Grinsen vielleicht, das höhnisch über sein Gesicht huschte, war ihm nichts von dem soeben Erlebten anzumerken.

Nur bekam er in dieser Nacht zum ersten Mal keine Lust mit Elfi zu schlafen, da sie ihn auch nicht dazu ermunterte, blieb es bei einem höflichen Gutenachtkuss.

Sie spielte, er spielte und ihre gemeinsamen Spiele versanken im Sumpf der Verlogenheit. Immer deutlicher wurde die Stimme in Bruno laut, die Sache schnell zu beenden.

Elfi lebte in einer anderen Welt. Schon lange trank sie nicht mehr, ein neuer Rausch, eine ohnmächtige Leidenschaft zu der Puppe Jac hatte sie erfasst, zog sich über sie wie ein zu enges Kleid, erstickte sie fast. Und doch hätte sie erst dann in Todesangst geschrien, wenn jemand versuchen würde, sie davon zu befreien. So schlimm stand es um ihre Liebe zu Jac, die sie durch die Puppe zu befriedigen wusste. Nur dafür brauchte sie Brunos Nähe noch. Sie begann Bruno zu hassen, da er ihr nicht das Geheimnis der Lebenserweckung Jacs anvertraute. Selbst wenn sie die Bedienung in ihren Besitz brachte, kam sie möglicherweise nicht viel weiter. Im Gegenteil, vielleicht machte sie dann alles kaputt und die Puppe explodierte vor ihren Augen oder starb einen entsetzlichen langsamen Tod.

Nein, das durfte sie auf gar keinen Fall riskieren. So lange Bruno der Stärkere war, musste sie ihn schon hübsch bei der Stange halten. Aber es ging ja jetzt viel einfacher, denn Bruno bedrängte sie immer weniger mit seinen Liebesforderungen. Wer hätte das gedacht, ihr Äffchen, ihr kleiner Tölpel brachte es tatsächlich fertig, sie zu erpressen. Schon darum wollte sie nie mehr Alkohol trinken. Sie musste wach bleiben, hellwach, damit er nicht gänzlich Herr ihrer Schwächen würde. Hielt erst die Angst ihren Einzug, verfolgten einen die Schatten in allen Ecken. Darum bekam sie einen grandiosen Einfall.

„Jac hat mich heute geschlagen“, weinend fiel Elfi ihrem Mann um den Hals, als er abends wie gewöhnlich aus seinem Geschäft nach Hause kam. „Ich wollte ihn kämmen, da langte er nach mir aus, hier sieh, mitten ins Gesicht traf mich seine Hand. Was hast du mit ihm gemacht, warum tust du mir das an“, schrie sie laut schluchzend. Bruno verstand gar nichts mehr. Wie konnte etwas Derartiges geschehen? Er hatte vom Büro aus doch nur den Apparat wie immer auf <Reaktion> gestellt. Jac wehrte sich nur, wenn man ihn angriff, aber doch nicht ohne Grund. „Hattest du Streit mit ihm Elfi?“ „Aber nein, wenn ich es dir doch sage. Er wollte gerade zum zweiten Mal ausschlagen, als sein Arm mittendrin zum Stillstand kam.“ „Wann war das?“ „Um halb eins etwa.“ „ Da stellte ich den Apparat ab, weil Techtmann und ich essen gehen wollten. Du hattest wirklich Glück Elfi, wer weiß was sonst geschehen wäre. Wo ist Jac?“

„Er liegt mitten im Wohnzimmer, bring ihn fort, ich will ihn heute nicht mehr sehen.“

Als Bruno das Wohnzimmer betrat, lag die Puppe völlig zusammen gesunken da.

Hoffentlich war die Elektronik nicht durcheinander, dachte er, während er Jac aufhob und über seine Schulter legte. Der Puppenmacher hatte ihm gesagt, was in einem solchen Fall zu tun sei. Sollte Jac einmal fehl reagieren, musste man ihm das linke

Auge fest eindrücken. Dann war er tot und nur sein Erbauer konnte ihn wieder reparieren. Zumindest das hätte er Elfi eigentlich sagen sollen. Nachher würde er es tun, ganz sicher. Vorher wollte er aber noch selbst die Puppe testen. War sie kaputt, würde er sie morgen zur Reparatur bringen. Er setzte Jac in seinem Samtsessel ab, rückte sein Kostüm zurecht. Außer, dass Jac auf dem linken Auge etwas schielte, konnte er keine Veränderung an ihm entdecken. Wenn dies ein Warnzeichen einer Störung sein sollte, übersah er es wohl besser. Jetzt war da eine innere Stimme, auch die überhörte er beflissentlich. Etwas drängte sich klar und deutlich in sein Bewusstsein, bedurfte nicht mehr irgendeines Anstoßes. Ohne die Elektronik zu überprüfen, ohne sich überhaupt noch einmal nach Jac umzudrehen, verließ Bruno das Zimmer mit dem herrlich blauen Sternenhimmel.
„Du bist feige", dachte er. Aber schon gruben sich die Zeichen des Sieges auf seiner glatten Stirn ein. Was heute, morgen, irgendwann geschehen würde, war bereits jetzt entschieden. Darum konnte er lachen, als er anschließend mit überlegten Worten seiner Frau Trost spendete. „Du bist doch ein rechtes Dummerchen Elfi, mit Jac ist alles in Ordnung. Sicher phantasiertest du nur. Jac ist zahm wie ein Lamm und wird dir weiter aus der Hand fressen." Noch immer misstrauisch, aber schon mit dem Glanz der Hoffnung in den Augen schmiegte sich Elfi fest an Bruno und schmollte. „Du hast mit ihm geschimpft?" „Ja Elfi, ich habe ihm ordentlich den Kopf zu Recht gerückt, er wird das nicht mehr tun." „Dann ist es gut", seufzte Elfi.

Plötzlich empfand Bruno Lust, Elfi von sich zu stoßen. Ihr heißer Körper widerte ihn an. War sie schon immer so animierend. Hatte er eine Hure geheiratet ohne es zu wissen, oder ließ sich die Schöne herab, um einen armen Bajazzo zu nehmen, einen Mann zweiter Wahl. Verdammt, es war nicht zum Aushalten. Warum nur konnte er sich gegen Elfi nicht zur Wehr setzen? Heute Abend würde er wieder zu der Schwarzen gehen, das war auch eine Art sich zu wehren.

Ruhig sagte er, „ich muss nochmal in die Firma, es kann spät werden, warte nicht auf mich."

Das war ungewöhnlich und kam so selten vor, dass Elfi nun doch stutzte. „Du willst noch arbeiten, es ist nicht schön von dir, mich gerade heute Abend allein zu lassen. Du lässt mir den kleinen Apparat nicht hier?" Wieder durchfuhr es Bruno, aber er behielt sich in der Gewalt als er antwortete, „nein Elfi, den bekommst du nicht." Sie näherte sich seinem Ohr, um daran zu knabbern und flüsterte, „stellst du ihn denn ein, dann leistet Jac mir wenigstens Gesellschaft, jetzt wo er doch in Ordnung ist." Nun konnte Bruno nicht mehr. Seine Gefühle mussten endlich explodieren. Hart wollte er Elfi von sich stoßen, sie wieder an sich ziehen, sie lieben, sie hassen, sie küssen, sie schlagen, ihr die Kleider vom Leib reißen, ihren zarten Körper mit Küssen bedecken, sie liebkosen, alles mit ihr tun, was er nur zu denken vermochte. Nichts geschah von alledem. Es währte nicht mehr als eine lange Minute, in der die Zeit zum Stillstand kam, Vergangenheit und Zukunft erschreckend miteinander verschmelzen ließ.

So wie der Feige sich seine Taten höchstens auszudenken vermochte, war auch Bruno nur in Gedanken mutig. Also versprach er Elfi alles zu tun, damit sie sich während seiner Abwesenheit nicht langweilte, vergaß es aber absichtlich, sie doch noch einmal vor Jac zu warnen. Sicher war es so, Bruno ließ das Schicksal für sich mutig sein.

Als Bruno zur Bar fuhr, fühlte er sich seltsam geläutert. Heute Abend wurde ihm vielleicht eine Entscheidung abgenommen. Endlich konnte er klar Bilanz ziehen, die wichtigen Punkte seines Lebens noch einmal überdenken. Eine große Leuchte war er nie. Da er sie liebte, durfte er sie nun auch hassen. Konnte er das wirklich? Vor allem, wenn er an die schönen gemeinsamen Zeiten dachte. Theoretisch betrachtet müsste er jetzt umkehren und Elfi vor der möglicherweise defekten Puppe warnen oder die Puppe heute Abend erst gar nicht in Bewegung setzen!

Elfi könnte sehr gut einmal umsonst auf Jacs Lebenserweckung warten. Aber gerade in diesem Augenblick seiner Gedanken schlich sich der Hass wieder ein. Er stellte sich vor, wie Elfi jetzt lauernd vor der Puppe kniete, anbetend über die kalten Hände streichelte und, als wollte sie selbst Jac auftauen, mit ihrer rosa Zunge über sein Gesicht leckte.

Da ging es praktisch nicht mehr anders. Der reißende Fluss, der sich zwischen seiner Liebe und seinem Hass gebildet hatte, machte ihm ein Zurück, ein Überqueren, unmöglich.

„Nun denn Elfi, “ sinnierte er, „lebe wohl!“ Er parkte sein Auto in einer schlecht beleuchteten Gasse und ging entschlossenen Schrittes auf das Etablissement zu. Während er mit der Schwarzen im Bett lag, sollte das Schreckliche geschehen, würde er auf die Taste drücken. Elfi liebte ihn nicht, missbrauchte kalt sein Vertrauen. Dafür musste sie geopfert werden. Das war schon im wilden Westen nichts anderes als Selbstjustiz für einen Verbrecher.

Bruno trank sich in der Bar des Bordells einen mächtigen Rausch an. Kaum noch konnte er seinen Wagen nach Hause lenken. Dort endlich heil angekommen, ließ er das Auto auf der Straße stehen und wankte auf seine Haustür zu. Schwerfällig drehte er den Schlüssel im Schloss herum. Innen war alles finster, Totenstille schlug ihm entgegen. Sogleich rief er Elfis Namen. Keine Antwort folgte. Ohne Licht zu machen, tappte er die breite Treppe herauf, stieß die Tür zum gemeinsamen Schlafzimmer auf.

Durch das Fenster schien der Mond auf ein gemachtes leeres Bett. Nun drückte Bruno den Lichtschalter, staunend, nichts begreifend. Auf der Decke des breiten Bettes lag ein beschriebener Zettel. Bruno brauchte seine ganze Anstrengung ihn zu entziffern, so wild tanzten die Worte darauf vor seinen Augen. Leise murmelte er das Gelesene mit:

„Lieber Bruno, wie du selbst feststellen wirst, verließ ich dich. Du brauchst mich nicht zu suchen. Alles Nötige erfährst du durch meinen Anwalt. Jac ist tot, auch davon kannst du dich sehr leicht überzeugen. Ich selbst zerstörte seinen Körper und gebe zu, es geschah aus Wut. Während ich darauf wartete, dass du ihn für mich zum Leben erwecktest, durchlebte ich zwei qualvolle Stunden. Warum erfülltest du mir meinen Wunsch nicht? Du ließest mich gerne leiden, ich weiß, schon lange war mir das klar. Zuerst riss ich ihm die schönen blonden Haare aus. Locke für Locke. Dann zerkratzte ich ihm ganz langsam das Gesicht und riss seinen Kopf ab. Und so weiter und so fort. Ich erspare dir Einzelheiten. Sieh dir Jacs Zustand an, dann weißt du, wie wütend ich war. Adieu Bruno."

<Was sollte das alles bedeuten?> In Brunos Kopf rauschte und brauste es. Elfi hatte ihn verlassen, die Puppe verunstaltet und das alles nur weil angeblich die Elektronik nicht funktionierte!

Er drückte doch die Taste, bevor er mit der Schwarzen ins Bett ging. Sollte die Entfernung vom Haus bis zum Bordell im nächsten Ort doch schon zu weit gewesen sein?
Darüber wusste er wirklich nicht Bescheid. Wie dumm von ihm! Es konnte aber auch sein, dass Jac wirklich kaputt war und überhaupt nicht mehr reagierte. Schließlich wurde das nicht von ihm überprüft. Woher sollte er überhaupt wissen, ob Elfi ihn heute Nachmittag nicht angelogen hatte, als sie behauptete, Jac habe nach ihr geschlagen. War da denn wirklich eine Beule oder ein blauer Fleck in ihrem Gesicht zu sehen? Aber was nutzten derlei Gedanken jetzt noch, er hatte Elfi für immer verloren.

Jegliche Kraft entwich nun seinem Körper und er warf sich in letzter Verzweiflung auf das leere, kalte Bett. Was interessierte es ihn da noch nachzusehen, ob Jac im Circus Zimmer in irgendeinem schlimmen Zustand lag. Alles verlor mit einem einzigen grausamen Schlag seinen Wert für Bruno. Schwer lallend, von Tränen fast erstickt, jammerte er nun in fassungslosem Leid vor sich hin. Vom Alkohol betäubt und vom Weinen ermattet, sank er dann in einen ohnmachtsähnlichen Schlaf.

Auf Zehenspitzen, leicht wie eine Feder, näherte sich Elfi dem gemeinsamen Bett. Bruno schnarchte laut. Er lag vollkommen angezogen da und bot fürwahr ein Bild des Unglücks.

Hastig, fast gierig, griffen Elfis Finger in die Innenseite seines Jacketts. Da war ja noch der kleine Apparat. Aha, Bruno hatte ihn heute Abend unvorsichtiger Weise nicht versteckt, bevor er einschlief.
Sehr schön, dachte Elfi und drückte die kleine Fernbedienung an ihre Brust. Nun hatte sie ihren Mann in der Hand, brauchte ihn nicht mehr in so erniedrigender Weise wie bisher um alles anzubetteln und bei guter Laune zu halten. Vielleicht würde sie demnächst ganz in Jacs Sternenhimmelzimmer umziehen. Auch heute Abend war es wieder so harmonisch und schön mit Jac gewesen. Sie lächelte vor sich hin, während sie an die gerade vergangenen herrlichen Stunden dachte.

Bruno war doch ein leichtgläubiger Trottel. Natürlich hatte Jac nie nach ihr geschlagen. Er war weder kaputt noch gefährlich. Das dachte sie sich nur aus, um Brunos Gedanken auf den Weg zu lenken, den sie auch tatsächlich einschlugen.

Elfi bemerkte längst seinen Hass in der letzten Zeit. Vielleicht glaubte sie nicht gerade daran, dass er sie durch Jac umbringen wollte. Der mögliche Defekt, von dem sie ihm erzählte, kam ihm jedenfalls gerade recht, das sah Elfi am Blitzen seiner Augen.
Als er dann Jac in sein Circus Zimmer zurück trug, war sie ihm nachgegangen. Bruno überprüfte nichts an der Puppe, er setzte die Elektronik überhaupt nicht testend in Gang, dies sah sie durch das Schlüsselloch ganz deutlich. Da wusste sie Bescheid, dass Bruno etwas gegen sie im Schilde führte, als er kurze Zeit darauf das Haus verließ. Wie schnell konnte, was sie ihm erzählte Wirklichkeit werden, dachte sie erschreckt.
Darum musste sie die Fernbedienung in ihre Gewalt bringen, denn noch war alles in Ordnung mit Jac. „So mein Freund, “ sagte sie nun hart und zerrte Bruno an der Schulter zu sich herum. „Wach auf du Dummer und sieh, was ich in der Hand halte. Jetzt wo er tot ist, kannst du mir ja ruhig die Funktion dieses Dings ganz artig erklären, “ „Derart aufgerüttelt schaute Bruno seine Frau verstört an, als wäre sie aus einer anderen Welt zu ihm herabgestiegen. Noch nichts begreifend stottert er,

„Elfi mein Vögelchen, du bist zu mir zurück, hast du Jac umgebracht, für immer umgebracht.“ Ohne eine Antwort abzuwarten, stammelt er weiter, „wir werden ein neues Leben beginnen, nur du und ich. Die letzte Zeit war ja so schrecklich für mich. Weißt du, ich wollte dich sogar durch Jac töten lassen, nun hast du ihn selbst umgebracht, wie schön“, lallte Bruno weiter. Elfi beugte sich ganz dicht über ihren noch immer liegenden Mann und flüsterte unter heftigem Atmen, „du wirst mir die Funktion der Bedienung auf der Stelle erklären.“ „Aber ja“, erwiderte Bruno euphorisch lächelnd, „jetzt wo Jac tot ist, kann ich dir alles zeigen.“

Beinahe nüchtern geworden, weihte Bruno nun seine Frau in das Geheimnis aller Funktionen ein. Einen Augenblick schien es wie früher, eng umschlungen saßen sie auf der Kante ihres Ehebettes und es wirkte, als hätte dieses Paar viele Gemeinsamkeiten.

Aber der Schein trog und das Bild des Glücks schien bereits wieder zu verschwimmen, als Bruno mitten in seinen Erklärungen inne hielt und misstrauisch einwarf, „du hast die Puppe wirklich zerstört, ich meine der Kopf ist ab.“ „Wenn ich es doch sage, Jac ist mausetot“, log Elfi ihn an.

Im Impuls wilden Bereuens schlang Bruno seine Arme um Elfi und weinte wieder. „Ich muss dir noch etwas berichten. In meiner Firma war ich heute Abend nicht. Ich habe dich auf ganz niedrige Weise betrogen. Kannst du mir das verzeihen? Deshalb funktionierte wahrscheinlich auch die Elektronik nicht. Weißt du, man darf die vorgeschriebene Entfernung in keinem Fall überschreiten.“

Ach wie dumm von ihm, fiel ihm jetzt ein, er war doch schon einmal vorher in dem Bordell gewesen und da klappte alles bestens. Nun fiel es Bruno wie Schuppen von den Augen.

Elfi hatte ihn belogen, Jac lebte, und sie trieb wieder ein Spiel mit ihm. Noch immer hielt sie triumphierend die kleine Fernbedienung in ihrer feuchten weißen Hand. Da kroch es in ihm auf, er hatte verloren. Seine alte Feigheit und Unterlegenheit kehrten zu ihm zurück. Nie mehr würde er das unheimlich gewordene

Circus Zimmer betreten. Was machte es schon aus, dass Jac nun doch noch funktionierte und Elfi endlich ihren Willen hatte, er wollte es gar nicht mehr wissen. Nur wer von Natur aus stark ist, hat Rechte.

Der Schwache sollte das früh genug erkennen und sich zurückziehen, dann geschieht ihm nichts. Er würde weiterhin brav in seine Brauerei gehen und sich von Elfi häuslich versorgen lassen. Eigentlich hatte sich nichts verändert, sah man einmal davon ab, dass der Affe seine Herrin umbringen wollte. In Zukunft würde Bruno eben wieder versuchen Elfi zu gefallen. Ein Liebeskranker bleibt ein Narr. Das alles durchzuckte Bruno, während er, nun sehr ruhig geworden, seiner Frau weiterhin alle Funktionen erklärte. Die Puppe Jac lebte, daran gab es keinen Zweifel mehr.

Vielleicht würde Bruno eines Tages Mut fassen und hingehen, um Jac das linke Auge einzudrücken. Was dann passiert, hatte er ihr verschwiegen. Diese Trumpfkarte lag noch in seiner Hand, sie allerdings zu ziehen, war Selbstmord, ein Ende mit Schrecken. Da entschied er sich im Augenblick schon lieber für das stille Leiden des Unterlegenen.

Irren ist menschlich

Kein Geringerer als Mister Coldwell ließ sich freiwillig in die Irrenanstalt bringen. Er, ein äußerst gutsituierter Grundstücksmakler, war sehr mit sich zufrieden. Während er hier lag und auf den Befund seines Geisteszustandes wartete, ging draußen vielleicht schon alles drunter und drüber. Das hatte er raffiniert eingefädelt. Seine Frau Eleonore, von Natur aus hysterisch und heftig, zögerte nicht lange, als er seinen gut einstudierten Anfall bekam. Eigentlich war Eleonore nicht hässlicher als Maggi, aber sie ist eben ein typisches sexy Girl, mit rund herum den richtigen Proportionen und alles schön beieinander.

Nun, er war einfach verliebt. Mit verträumtem Blick lag er da und so sieht ihn auch der Wärter, als er kurze Zeit später durch das Guckloch späht.

„Na, endlich hat der sich beruhigt", murmelte Wärter Jimmy vor sich hin und befasste sich wieder mit seiner Zeitung.

„Wenn ich erst hier raus bin, ziehen wir weit weg und fangen ein neues angenehmes Leben an" denkt Coldwell, „Maggi führt den Haushalt als meine First Lady und wenn sie nicht gut kochen kann, gibt es dafür noch viele andere schöne Dinge.

Einmal wieder jung sein und alles mitmachen, dann hat das Leben wenigstens einen Sinn gehabt. Ohne Revolver oder irgendetwas anderes einen Menschen unschädlich zu machen, dazu gehört schon etwas. Länger als ein paar Tage wird man ihn hier schon nicht festhalten und danach werde ich ihr die Hölle heiß machen und mich von ihr scheiden lassen.

Auch Eleonore ist froh, dass sie ihren Gatten so leicht in die Psychiatrie bringen konnte, um den Ungetreuen für immer los zu werden, damit sie mit Tom ein neues Leben beginnen kann.

Eigentlich ging alles glatt, fast zu glatt, kein Widerspruch seinerseits. Er ließ sich abführen, sanft und friedlich.

Man glaubte ihr sofort, als sie mit Tränen überströmtem Gesicht dastand, einige Beulen am Kopf und einen langen Kratzer am Arm. Das alles ist jetzt schon fast verheilt und so begibt sie sich in den Schönheitssalon, um mit Cremes und einer guten Massage einen neuen Menschen aus sich machen zu lassen. Anschließend eine tolle Frisur à la Mode und dann zu Tom. Schon lange Zeit wusste sie von dem Verhältnis ihres Mannes. Der Juwelier gab ihr bei jedem Kauf eines Schmuckstückes Auskunft. Zuerst tobte sie, machte ihm Szenen, aber er grinste nur und ließ sie stehen wie ein kleines Mädchen.

Eines Tages war es dann vorbei. Sie sagte nichts mehr und ließ ihn seiner Wege gehen.

Er wurde immer unvorsichtiger und ging sogar soweit, dass er Maggi mit ins Haus brachte und ohne Umschweife erklärte, Maggi würde ab jetzt hier wohnen und sie, Eleonore, hätte bis abends das gemeinsame Schlafzimmer zu räumen. Dabei glänzten seine Augen so unheimlich stählern, dass ihr jeder Widerspruch in der Kehle stecken blieb. So war sie dann gezwungen sich zu fügen und da reifte ihr großer Plan. Mit einer Abfindung seines riesigen Vermögens war sie nicht zufrieden. Nein, alles wollte sie, jeden Cent, ihn so richtig fertigmachen und dann konnte er ja sehen, ob seine saubere Freundin noch zu ihm halten würde.

In die Irrenanstalt müsste er. Dann wäre sie ihn nicht nur los, sondern könnte ihn vielleicht entmündigen lassen. Am nächsten Morgen ging alles sehr schnell. Als Dan mit seiner schönen Maggi zum Frühstück herunter kam, riss ihr der Faden.

Sie stürzte auf ihn zu und schlug auf ihn ein so gut es ging. Maggi packte sie von hinten und wollte sie wegzerren. Eleonore aber hing an ihm wie eine Wildkatze. „Nur nicht verletzen“, dachte sie, „man darf später keine Wunde an ihm entdecken, dafür aber umso mehr bei mir.“

Er ergriff den Kandelaber zu seiner Linken und wollte ihn auf ihren Kopf niedersausen lassen.

Sie hob den Arm und konnte so das Schlimmste von sich abwehren. Außer sich vor Wut warf er den Leuchter in eine Ecke und versuchte sie von sich zu stoßen, als ein stechender Schmerz

ihren Arm durchzuckte. Maggi hatte ihre Fingernägel in ihren Arm gegraben. Eleonore befreite sich und rannte zum Telefon. Schnell wählte sie die bereits von ihr notierte Nummer der Anstalt. „Hilfe, mein Mann ist wahnsinnig, er will mich umbringen, kommen Sie schnell, Highstreet 35“, schrie sie. Was jetzt geschah, war äußerst seltsam. Ihr Mann zündete sich in Ruhe eine Zigarre an, setzte sich und wartete darauf, abgeholt zu werden. Dabei zeigte sein Gesicht einen eigentümlichen gemeinen Ausdruck.
Als ein Krankenwagen vorfuhr, stand er gelassen auf und ließ sich von den Pflegern ruhig abführen. Maggi, durch diese Ereignisse unsicher geworden, packte in aller Eile ihre Koffer und so blieb es Eleonore erspart, sie hinaus zu werfen.

In Gedanken über das Geschehene, erreichte Eleonore mittlerweile den Schönheitssalon.
Ja, sie wird sich jetzt für Tom schön machen lassen und nur noch für ihn leben. In ihre Träume versunken, bemerkt sie den vorbeihuschenden Schatten nicht. Sie verschwindet im inneren des Salons.
Draußen hat jemand unendliche Geduld im Warten. „Ich werde sie gebührend empfangen“, denkt die Verfolgerin, „wenn sie wüsste, welchen Plan ich mit ihrem Tom ausheckte.“

Eine Melodie vor sich hin summend und völlig verjüngt, betritt Eleonore Stunden später die Bank. Sie hebt eine beträchtliche Summe Geldes ab und begibt sich anschließend in ein Cafe.
Bei Kuchen und Tee überlegt sie noch einmal alles ganz genau, als plötzlich Maggi vor ihr steht. Gerne wäre sie unhöflich gewesen, doch ihre glückliche Lage stimmt sie friedlich.
Schließlich durfte auch die Andere ein Verhältnis haben.
Was sie immer nur störte, war, dass ausgerechnet ihr eigener Mann so viel Geld für dieses Flittchen ausgab. Sie zahlt also, sagt höflich „guten Tag“ und schickt sich an zu gehen.

Maggi aber hängt sich an ihre Fersen und fängt ein bis jetzt einseitiges Gespräch an. „Wie nur dieses lästige Frauenzimmer los werden", denkt Eleonore. „Ich glaube, wir haben den gleichen Weg, Mrs. Coldwell", belästigt Maggi sie weiter. Stutzig geworden, dreht sich die Angesprochene um und fragt „Wieso, woher wollen Sie das wissen?" „Ich weiß es eben, meine Liebe." Plötzlich stehen beide vor dem Juwelierladen. „Nur Mut, Mrs. Coldwell, machen Sie den ersten Schritt." „Ich denke nicht daran, in diesem Geschäft habe ich nichts zu kaufen." „Aber Sie kennen doch wahrscheinlich Tom?"

Wütend, in einer Reflexbewegung landete Eleonores Hand beinahe auf der Wange der Anderen. Dann betritt sie, sich selbst wiedersprechend, das Geschäft. Maggi folgt ihr. Die an gesellschaftliche Form gewöhnte Eleonore Coldwell will den Juwelier Tom gerade mit seinem Familiennamen anreden, als Maggi schon heraus sprudelt, „Guten Tag Tom, Liebster, ich konnte gestern Abend leider nicht kommen, musste Dan in der Anstalt besuchen, man kann ja nicht so grausam sein." Eleonore steht wie zur Salzsäule erstarrt da.

„Welcher Ton und diese Vertrautheit, Tom, was geht hier vor."

„Entschuldige Eleonore, aber für uns gibt es keine gemeinsame Zukunft mehr, Maggi ist dir zuvor gekommen. Ich wollte es dir schon immer sagen, aber du ließest mich ja nie zu Wort kommen." Jetzt hat Maggi ihren großen Auftritt.

„Meine liebe Mrs. Coldwell, warum eigentlich glauben Sie, hat mir ihr Mann so gut gefallen, weil er schön oder verheiratet ist? Nein, ich will es Ihnen sagen, er ist stinkreich und besitzt mehr Geld als er jemals aufbrauchen kann. So zapfte ich ihn eben ein bisschen an und das in Toms Juwelierladen, damit es gleich in der Familie bleibt. Der alte Dan merkte gar nichts, kaufte fleißig für mich Gold und Brillanten, eigentlich könnte ich mich schon zur Ruhe setzten. Eins interessiert mich, warum ließen Sie Ihren Mann eigentlich in die Anstalt bringen?

Meinen Sie die behalten einen normalen Menschen länger als nötig, dann hätten die viel zu tun, es gibt wirklich genug frei

herumlaufende Irre. In ein paar Tagen wird er sowieso wieder entlassen, bei der Farce, die Sie mit ihm vor seiner Einweisung ins Irrenhaus veranstalteten. Das wird noch eine bombige Gerichtsverhandlung geben und Ihre Scheidung ist vorprogrammiert. War alles von Dan geplant, aber leider verrechnete er sich auch mit mir, denn von meinem Verhältnis mit Tom wusste er natürlich nichts.
Sie und Dan bleiben die von uns ausgetricksten Verlierer.
Mit langsamer, fast mechanischer Bewegung, öffnet Eleonore Coldwell ihre Handtasche und dann geschieht alles blitzschnell.
Ein Schuss aus der gezogenen Waffe löst sich, trifft die verhasste Frau. Nur nicht mehr leiden müssen!
Eine lange Zeit steht sie wie gebannt und starrt auf ihr Opfer, das nun blutüberströmt vor ihr liegt.
Später führen die herbeigerufenen Kriminalbeamten sie sanft ab.

Gruselig

Als Ornithologin erhielt ich meinen ersten größeren Auftrag. Ich war sehr froh, so kurz nach Beendigung meines Studiums ein Praktikum bekommen zu haben. Ich kündigte kurzfristig meinen Platz in einer Münchener Kommune, da mein Aufgabenbereich mich für eine ungewisse Zeit von hier fernhielt.
Mit meinem alten Käfer machte ich mich auf die Reise zu einer Nordseeinsel, wo man mir einen ausrangierten Leuchtturm als Wohnung zur Verfügung stellte. Dieser bot mir genügend Raum für ein Labor mit angrenzendem Wohn- und Schlafraum. Zu Fuß konnte ich von hier aus in einer knappen halben Stunde im Dorf sein und hatte so die Möglichkeit in verhältnismäßig kurzer Zeit meine Besorgungen zu erledigen. Im örtlichen Krämerladen konnte ich ungefähr alles bekommen, was zu meinem Leben hier notwendig war. Ich nahm mir vor, ganz in meiner Arbeit aufzugehen, die darin bestand, die Lebensweise einiger seltener Möwenarten zu beobachten und meine Feststellungen später in einem biologischen Werk zu veröffentlichen. Mein Institut setzte großes Vertrauen in mich und ich war bemüht, meine Auftraggeber nicht zu enttäuschen. Es dauerte auch nicht lange, da hatte ich Brutstätten und Aufenthaltsorte der Möwen ausgemacht. Wie viel anders sah doch die Praxis im Vergleich zum Studium aus. Ich war überwältigt.

Ein kalter März Wind trieb mir den Sand der Dünen in die Augen, während ich wieder einmal von einem Erkundungsgang zurück kehrte. Im Laufe der Zeit hatte ich mich richtig gemütlich niedergelassen. Natürlich konnte der Turm nicht gerade als komfortabel bezeichnet werden. Ich brauchte mehrere Tage, um mein neues Heim von Spinnweben und fingerdickem Staub zu befreien.

Im Dorf erstand ich Bettwäsche, Tischdecken und Handtücher, sowie Gardinen für die kleinen Turmfenster. Als ich alles fertig hatte, war ich recht zufrieden. Es war sogar gemütlich.

Der Ausblick von meinem Turm war herrlich. Umgeben von felsigem Gestein konnte ich unter mir die tosende Brandung sehen, die Wellen, wie sie mit dicken Schaumkronen heran rollten.

Aus meinem kargen Mobiliar wählte ich einen zerschlissenen Korbschaukelstuhl aus und stellte ihn so, dass ich bei Tag und Nacht die Gezeiten beobachten konnte.

Ich kam von einem arbeitsreichen Tag zurück und freute mich trotz meiner Müdigkeit über meinen Erfolg. Ich setzte einen Kessel Wasser auf meinen zweiflammigen Herd und bereitete mir einen Punsch. Herd und Licht wurden hier natürlich noch mit Gas betrieben. Ich musste also immer Streichhölzer im Hause haben. Anfangs hatte ich Schwierigkeiten mit der Gasbeleuchtung. Da ich nicht wusste, wie ich sie in Gang setzten sollte, bat ich den Krämer um Rat. Dieser gab mir eine ausführliche Betriebsanleitung, nach welcher ich meine Doktorarbeit hätte schreiben können und meinte, dass er noch ein paar Restbestände von sogenannten Strümpfchen hätte, falls ich einmal in Verlegenheit geraten sollte.

Ich zog also an der Kette meiner Deckenbeleuchtung, die am unteren Ende ein Metallplättchen trug mit dem Buchstaben A und hielt das angebrannte Streichholz durch den Glasbehälter in die Nähe des Strumpfes. Schon flammte das bienenkorbähnliche Gebilde auf. Dann verschloss ich meine Tür und begann mit den täglichen Aufzeichnungen.

Der Punsch versetzte mich in wohlige Laune. Nach meinen Berechnungen musste die Flut in etwa zwei Stunden hier sein. Ich nahm mir vor, bis zu diesem Zeitpunkt fertig zu sein. Gerade schlug die Uhr sechsmal und erinnerte mich an mein Abendbrot. Während des Essens nahm ich mehrmals Geräusche wahr, die nur aus dem oberen Bodengeschoss kommen konnten. Ich hatte es bis zu diesem Zeitpunkt immer vermieden, die schwere Eisentür zum Speicher zu öffnen. Von der Innenseite hing ein großer rostiger Schlüssel. Neugier und Abenteuerlust erwachten in mir und ich musste hinauf.

Allerdings wäre es besser gewesen, ich hätte mich bezähmt, denn von diesem Augenblick an änderte sich hier mein Leben. Nur schwer bewegte sich das Schloss. Ich stieg die schmale Wendeltreppe, die auf das Dachgeschoss führte, empor. Dämmriges Licht fiel durch ein kopfgroßes Loch in der Wand herein. Zuerst konnte ich nichts erkennen, zumindest ließen sich die scharrenden Geräusche für mich nicht anders erklären, als würde eine gewisse Sorte Wanderratten ihr Unwesen treiben.

Nachdem sich meine Augen an die Dunkelheit gewöhnt hatten, entdeckte ich neben der Wandöffnung eine kleine Tür, die auf eine Brüstung hinausführte. Hier pfiff der Wind scharf und hell und ich musste mich mit aller Kraft am Gemäuer festhalten. Plötzlich flatterte etwas Schwarzes um meinen Kopf herum und verfing sich in meinen Haaren. Es musste eine Fledermaus sein und mir fielen schreckliche Dinge ein, die ich gelesen hatte.

Ich bekam Angst, dass ich sie nicht mehr aus meinen langen Haaren entfernen konnte. Doch ich hatte Glück, der Druck löste sich von meinem Kopf und ich konnte gerade noch sehen, wie das Tier im Inneren des Raumes verschwand. Schnell ging ich wieder nach unten und nahm mir vor, mich am nächsten Tag etwas genauer hier umzusehen.

Die Flut war jetzt voll im Gange und ich beobachtete am Fenster sitzend, noch lange das faszinierende Schauspiel. Dann ging ich früher als gewöhnlich zu Bett und lauschte noch eine Weile mancherlei Geräuschen. Ich fiel in eine Art Halbschlaf, aus dem ich gegen Mitternacht erwachte. Ein Sturm hatte plötzlich begonnen und peitschender Regen schlug an mein Fenster. Vom Meer rauschten kräftige Wellen heran. Als der Sturm wieder nachließ, zogen eigentümliche Nebelschwaden über mein Bett. Der Mond schien dann aber klar herein und ich fand mich aufrecht in den Kissen sitzend.

Schreckliche Dinge faselnd, fühlte ich mich so schwach, dass mir das Schlucken Beschwerden bereitete.

Instinktiv fasste ich an meinen Hals und stellte mit Erschrecken fest, dass der Kragen des Nachthemdes klebte.

Vor Kälte zitternd stand ich auf und zündete eine Kerze an. Kaum trugen meine Beine mich bis zum Spiegel an der Wand. Der lag in tausend Splittern am Boden. Schweiß trat mir auf die Stirn und Angst drohte mich zu erdrücken.

Ich schleppte mich bis zu meiner Handtasche, da musste ich noch den Taschenspiegel haben. Als ich diesen bis zu meinem Hals gehoben hatte, traute ich meinen Augen nicht.

Ich erblickte einen Blutfaden, der sich leise sickernd bis zum Kragen meines Hemdes zog und ihn langsam rot färbte, verursacht von zwei roten Punkten an der Seite meines Halses.

Es stand für mich fest, so biss eine Ratte. In dieser Nacht machte ich kein Auge mehr zu.

Als der Morgen dämmerte, fühlte ich mich fiebrig und beschloss zum Arzt zu gehen. So zog ich lange Hosen und einen Rollkragenpullover über und fuhr, ohne gefrühstückt zu haben, ins Dorf. Dort wirkte alles wie ausgestorben. Der etwas bäuerliche Arzt empfing mich nicht gerade freundlich, befragte mich aber nicht lange, als ich ihm erzählte, ich sei von einer Ratte gebissen worden. Leicht mürrisch ob der frühen Störung, setzte er mir die gewünschte Spritze und gab mir Tabletten für eventuell auftretendes Fieber.

Ich fühlte mich wie zerschlagen und fuhr auf direktem Wege nach Hause. Den ganzen Tag verbrachte ich in einem traumhaften Zustand, fühlte mich erst wieder wohler, als der Abend nahte. Das Fieber war stark gefallen und machte einem anderen Gefühl Platz.

Unruhe ergriff mich, immer wieder eilte ich zum Fenster. Ich konnte das seltsame Gefühl in mir mit bestem Willen nicht erklären. Ich zog ein Nachthemd über, dessen Rüschen mir weit den Hals heraufreichten, so als wollte ich mich dadurch schützen. Dann ging ich zu Bett. Wieder konnte ich vielerlei Geräusche vernehmen und ängstigte mich. Voll schien der Mond herein, verklärte die Gegenstände um mich in befremdender Weise. Plötzlich schob sich eine verdunkelnde Wolke davor und in diesem Augenblick vernahm ich ein leises Kratzen an meinem

Fenster. Vom Schrecken wie hypnotisiert stand ich auf und schaute zum geöffneten Fenster hinaus. Dann verspürte ich einen Luftzug in meinem Rücken. Als ich mich umwandte, erstarrte ich in einer Woge des Entsetzens. Etwas, einem großen Flügel gleich, legte sich über meine Augen, während ich an meiner Wange ein Gefühl hatte, als ob sich ein Pelz oder Haare an ihr streiften. Langsam glitt der Flügel herunter, umschloss mit festem Griff meine Schulter.

Er ähnelte jetzt mehr einem Arm und ich erkannte, meinem Gesicht ganz nahe, die teuflische Maske eines menschlichen Antlitzes mit Augen, Nase und Ohren.

Alles war vorhanden, nur seltsam verzerrt, grauenhaft hässlich. Während er mich aus rotglühenden Augen anstarrte, legte er mit jähem Griff die Stelle meines Körpers frei, nach der es ihn so sehr gelüstete. Er entblößte seine kräftigen Zähne und näherte sich meinem Hals. Der Schmerz war kurz und nicht besonders stark. Es toste in meinen Ohren und ich wusste nicht, ob ich schrie oder sonst einen Laut von mir gab. Schließlich verdunkelte sich mein Blick und ich fiel in tiefe Ohnmacht, aus der ich erst gegen Morgen erwachte.

Mir wurde mein Jammer bewusst, ich war einem dieser grässlichen Vampire zum Opfer gefallen und hatte wenig Aussicht, diesem Teufelskreis noch einmal zu entkommen.

Niemand würde mir jetzt noch beistehen können. Ich war ganz allein und durfte auf keine Hilfe hoffen. In meinen kleinen Spiegel zu schauen, wagte ich nicht. Ich konnte mir denken, wie ich aussah. Voller Ekel betete ich zum ersten Mal am Morgen nicht. Meine Seele litt so große Qualen, dass ich mir vornahm, von hier fort zu gehen. Jedoch kam alles anders. Als ich aus dem Haus herauskam, erlebte ich eine neue Überraschung. Rund um den Turm verstreut lagen etwa ein Dutzend Möwen mit durchschnittenen Hälsen.

Der Anblick der toten Tiere vertrieb jegliche Empfindung in mir. Halb wahnsinnig lief ich zu meinem Wagen.

Ich musste unter Menschen sein, wenn sie mir auch alle in diesem Augenblick wie skrupellose Mörder vorkamen.
Wieder wirkte das Dorf menschenleer. Selbst der Krämerladen starrte mich verlassen an. Nachdem ich aber mehrmals klopfte, öffnete mir der Ladenbesitzer die Tür und ließ mich ein.

Erschrocken über mein bleiches Aussehen, fragte er, was mir denn geschehen sei. Ich log und schützte eine Unpässlichkeit vor. Er aber betrachtete mich eindringlich, näherte sich mir und schob mit einer scheuen Bewegung den Kragen meines Pullovers herunter. Ich war darüber sehr erstaunt, trotzdem bat er mich Platz zu nehmen. Dann sprach er mit mir, „mein Fräulein, Sie brauchen nichts zu sagen, ich weiß alles. Meiner armen Tochter wiederfuhr vor Jahren das Gleiche. Sie erlitt damals einen starken Schock und hat sich bis heute nicht davon erholt. Ich hätte Sie gleich am Anfang warnen sollen, aber im Dorf erzählte man, dass der frühere Besitzer des Turmes wahrscheinlich gestorben sei.

Dieser Eigenbrötler, verschwand nämlich eines Tages und es gingen so allerlei komische Gerüchte um. Meine Tochter, die ihm früher oft Lebensmittel brachte und ihm im Haushalt zur Hand ging, muss dort Furchtbares erlitten haben. Nie sprach sie mit mir über diesen Menschen und ihr Erlebtes im Turm.

Eines Tages kam sie zu mir und zeigte mir stumm zwei Stellen an der Seite ihres Halses. Sie können sich vorstellen, was das bedeutete, meine Tochter könnte nach ihrem Tode ein mordender Vampir werden. Seitdem suche ich diesen Mann, und sollte ich ihn durch Zufall aufspüren, werde ich mich an ihm rächen. Kommen Sie, ich zeige Ihnen meine Tochter.“
Wir gingen durch einen dunklen Flur und er öffnete eine Tür am Ende des Ganges. Das Mädchen saß auf einem Stuhl und hob bei unserem Eintreten nicht einmal den Kopf. In ihrer Hand hielt sie einen holzgeschnitzten Rosenkranz und um ihren Hals hing eine Kette aus Knoblauch. Ich war so in den jammervollen Anblick versunken, dass ich aufschreckte, als der Mann weitersprach. „Ich kann sie nicht davon abbringen diese Dinge

zu tragen. Sie schützt sich damit vor neuen Angriffen des Ungeheuers. Liebes Fräulein, würden Sie mir einen Gefallen tun, es kann allerdings Ihr Leben kosten, aber es ist für eine gute Sache."

Mir war alles recht, zumal dieser grauenvolle Anblick des kranken Mädchens mich nur noch mehr an mein eigenes Schicksal erinnerte. Ich willigte ein, alles zu tun, was er von mir verlangte. Er sprach weiter „Ich habe hin und her überlegt, könnte es nicht auch sein, dass irgendein Wahnsinniger Freude daran hat, Frauen vorzuspielen, er sei ein Vampir.

Bitte helfen Sie mir, die Wahrheit heraus zu finden. Es wird vielleicht die letzte Chance für mich sein, jemals zu erfahren, ob meinem Kind geholfen werden kann."

Das leuchtete mir ein, war es doch auch für mich ein Hoffnungsschimmer. Was ich über Vampirismus gelesen hatte, reichte nicht aus, um mich den Echten oder Unechten erkennen zu lassen. Ich wusste aber, wie man den Dämon bannte. So besprach ich mich mit dem Krämer, der die für unser Vorhaben nötigen Dinge bis zur Stunde vor Sonnenuntergang beschaffen wollte und sich selber anbot, mir körperlichen und wenn nötig, seelischen Beistand zu leisten. Wir verabredeten uns also zum Spätnachmittag im Turm und er schüttelte mir beim Abschied so herzlich die Hand, dass ich wieder neuen Mut fasste.

Ich fühlte mich stark genug, der kommenden Nacht entgegen zu sehen. Sichtlich erleichtert fuhr ich nach Hause. Dort fand ich alles genau so vor, wie ich es verlassen hatte. Auch wagte ich es wieder, in den Spiegel zu sehen und stellte fest, dass mein Gesicht außer einer ungewöhnlichen Blässe keinerlei Anzeichen beginnenden Verfalls anzeigte. Als die Zeit nahte, in der sich mein Besucher einstellen sollte, ging ich zum Strand. Von dort hatte ich einen besseren Blick auf die Straße.

Tief stand die Sonne bereits über dem Meeresspiegel und einige Möwen flogen auf. Drohend hallte ihr Klageruf in meinen Ohren wider. Von Ferne hörte ich das Geräusch eines Motors und konnte bald den Lieferwagen des Krämers erkennen.

Während wir uns begrüßten, sah ich in seinen Augen so wilde Entschlossenheit, dass ich überzeugt war, unsere Sache würde gelingen. Er besorgte alles, was für unser Unternehmen wichtig war, eine Bibel, einen wilden Rosenzweig, Knoblauch und ein Kruzifix.

Das sollte genügen um den Vampir abzuhalten und ihn in die Flucht zu schlagen. Wir wollten diese Utensilien an meinem Körper so anbringen, damit sie nur bei einem echten Vampir ihre Wirkung entfalteten. Während wir alles für die Nacht vorbereiteten, wurde es draußen schon finster.

Der abnehmende Mond spendete noch genug Licht, so dass wir im Dunkeln unser Werk verrichten konnten. Ich machte mich für die Nacht bereit, hängte den Kranz aus Knoblauch um den Hals, zog das Nachthemd darüber und nahm das Kreuz in meine Hände.

Dann legte ich mich ins Bett. Mein Mitverschworener bedeckte das Fußende mit dem wilden Rosenzweig und so war ich genügend geschützt. Er sicherte noch einmal alle Türen, nahm die Bibel zur Hand und ließ sich in einer Nische meines Schlaf-und Wohnraumes nieder. So verharrten wir mehrere Stunden. Der Gestank des Knoblauchs wurde mir langsam unerträglich, als wir plötzlich das merkwürdige Kratzen an meinem Fenster hörten. Ich zwang mich zur äußersten Ruhe, denn ich musste klar denken können, wollte ich erfahren, wie der Unheimliche eindrang. Wieder hörte ich einige Geräusche, dann ein kurzes Klirren, wie das Herausfallen eines Schlüssels an meiner Eingangstür. Dann folgte ein Knarren und ich hörte aus der Richtung des Labors schleppende Schritte auf mich zu kommen. Ich hob die Hände mit dem Kruzifix in die Höhe, aber es schien mir nicht zu helfen, denn immer weiter näherte sich mir die dunkle Gestalt. Zwei kräftige Hände griffen nach mir und zerrissen den Knoblauchkranz. Da erst schien er zu bemerken, dass ich mich präpariert hatte. Doch seine Reaktion kam zu spät. In diesem Augenblick wusste er, dass er verspielt hatte.

In unbeschreiblicher Wut stürzte er sich auf mich und legte seine Hände um meinen Hals.
Ich hatte einen Wahnsinnigen vor mir, der jetzt nur noch einen Weg sah, den Mitwisser zu beseitigen. Beinahe verlor ich mein Bewusstsein, als sein Griff sich löste und er mit einem markerschütternden Schrei zusammenbrach.
Im Eifer des Gefechts bemerkte ich nicht, dass der Krämer sich von hinten genähert hatte, ihm ein Messer in den Rücken stieß und mir so im letzten Augenblick das Leben rettete.
Zitternd zündete ich eine Kerze an, um ihn genau betrachten zu können. Er lag mit dem Gesicht zum Boden und wir mussten ihn umdrehen. Eine scheußliche Grimasse starrte uns an, die weitgeöffneten Augen blutunterlaufen. Ich konnte diesen Anblick nicht länger ertragen und musste mich abwenden. Wir hatten genug gesehen.
Es war der von meinem Lebensretter seit langer Zeit gesuchte Mann. Dankbar drückte er mir die Hand. Natürlich konnte ich nach dem, was ich hier erlebt hatte, nicht mehr länger bleiben.
Schnell versuchte ich alles Notwendige für meine Rückreise zu regeln. Packte meine wenigen Sachen und fuhr nach München zurück, in der Hoffnung, dass meine Studentengemeinschaft mich wieder aufnehmen würde.

Monate später erhielt ich einen Brief vom Krämer dieser unheimlichen Insel, dass seine Tochter sich auf dem Wege der Besserung befinde, und er durch meine Aussage vom Gericht freigesprochen wurde.

Kunstfehler

Blass leuchtet ein karger Mond am Himmel, den Myrna durch die Bäume sehen kann. Zart spürt sie Jonnys Atem, der seinen Arm um sie gelegt hat und sie eng an sich presst.
„Ach Jonny, mit uns beiden wird es wohl niemals etwas werden, deine Frau lässt sich bestimmt nicht von dir scheiden. Einen so gut Aussehenden lässt sie nicht einfach laufen."
„Myrna, ich bitte dich, fang doch nicht schon wieder damit an. Lass mir Zeit, irgendwann wird sie aufgeben, dafür sorge ich."
„Jonny, deine Frau sieht sehr gut aus. Ich habe sie neulich in Baldurs Boutique bedient und fand sie äußerst reizend. Also wirklich, wenn ich nicht genau wüsste, dass du mich liebst, könnte ich glauben, dass man eine solche Frau nicht betrügt."
„Du kennst Norma nicht. Jeden Tag macht sie mir Szenen, niemals lässt sie mich in Ruhe und anschließend betrinkt sie sich dermaßen, dass sie nicht mehr allein in ihr Bett findet.
Ich hasse sie! Soll das etwa mein Leben sein?"
Eine Welle des Mitleids überkommt das Mädchen, oh, wie sie ihn liebt. Armer John, so reich und doch der ärmste Mensch auf der Welt. „Liebster, lass uns doch ein wenig tanzen gehen. Es ist noch früh am Abend."

Besser wäre es gewesen wenn John Crimbley, statt dem Vorschlag seiner Freundin nachzugeben, sofort nach Hause gegangen wäre. So hätte er sich mancherlei Schwierigkeiten entziehen können. Die Zeit vergessend, durchtanzt er die halbe Nacht und kommt erst weit nach Mitternacht zu Hause an. Leise schleicht er die Treppe zu seinem Schlafzimmer herauf, das er schon lange nicht mehr mit seiner Angetrauten teilt. Er horcht den Flur entlang und schließt, als alles ruhig bleibt, die Tür hinter sich ab. So kann er natürlich nicht wissen, dass seine Frau Norma keinesfalls schläft, sondern einen Anruf in ihrem Zimmer erwartet, der auch wenig später erfolgt.

Am nächsten Morgen erwacht John Crimbley mit einem leichten Kater. Sein erster Gang ist auch an diesem Morgen ins Badezimmer, das durch eine Verbindungstür vom Schlafraum getrennt ist. Wie immer in der Frühe nimmt er zwei bis drei Magentabletten, die ihm sein Hausarzt verschrieben hat. Während er das Badewasser einlaufen lässt, rasiert er sich und zieht seinen Pyjama aus. Er liebt es, sich in die halbvolle Wanne zu legen, um dann genießerisch beobachten zu können, wie der Wasserspiegel langsam ansteigt. Auch heute weicht er nicht von diesem Brauch ab und begibt sich, bei erst halbgefüllter Badewanne ins Wasser. Süße Schwere übermannt ihn, lässt ihn sanft hinübergleiten in das Land des traumlosen Schlafes.

Das Wasser läuft schon über und John Crimbley sackt tiefer und tiefer hinein, als die Haushälterin Misses Applewood energisch an die Tür klopft. In beängstigendem Maß quellen Rinnsale unter ihr hervor und bilden bereits Bäche auf dem Flur.

Als sie keine Antwort erhält, läuft sie in die untere Etage, um aus der Küche die Nachschlüssel zu holen. Aber das Schlüsselbrett hängt nicht mehr an seinem Platz. Voller Verzweiflung eilt sie wieder nach oben und wirft sich mit ihrer ganzen Körperkraft gegen die Tür. Von dem Tumult aufgeweckt, erscheint Misses Crimbley und fragt erstaunt, was denn passiert sei. „Ja sehen Sie denn nicht das Wasser? Mister Crimbley wird doch nicht ertrunken sein, auch kann ich die Nachschlüssel nicht finden."

„Ach ja, Misses Applewood, ich habe mich entschlossen, sämtliche Zweitschlüssel des Hauses in meinem Zimmer aufzubewahren." Stolz, fast majestätisch, schreitet Norma davon. Sie lässt sich beim Aufschließen des Sekretärs Zeit, geht dann etwas schneller zurück, um keinen Verdacht bei ihrer Haushälterin zu erwecken und schließt die Tür auf. Beim Öffnen strömt ihnen eine Flutwelle von Wasser entgegen. Aus der nur angelegten Badezimmertür hört man außer dem Geräusch des aufschlagenden Wassers noch ein anderes, das gurgelnde Stöhnen eines ertrinkenden Mannes.

Als John Crimbley nach vielen Stunden erwacht, blickt er genau in das Gesicht seines Hausarztes. „Na, noch mal Glück gehabt, Mister Crimbley, wenn Ihre Frau Sie ein paar Minuten später aufgefunden hätte, wären Sie jetzt nicht mehr am Leben. Wie kamen Sie denn nur dazu, unter Einfluss von Schlaftabletten zu baden?" „Wieso? Ich habe zwei Magentabletten eingenommen, genau die, die Sie mir verordnet haben." „Lieber Crimbley, in Ihrem Badezimmer fand ich eine Packung mit Schlaftabletten und der Befund meiner Untersuchung weist ebenfalls deutlich darauf hin.

„Das kann nicht möglich sein Doc. Seit meiner Medikamentenvergiftung vor einem Jahr bin ich besonders vorsichtig mit den Tabletten. Irgendjemand spielte mir einen derben Streich, vertauschte den Inhalt, sodass ich ohne mein Wissen die falsche Medizin nahm.

Später dann fand sich genug Zeit, um eine richtige Schlafmittelpackung in mein Badezimmer zu stellen." „Aber ich bitte Sie. Wer sollte denn einer solchen Untat fähig sein?" Ich wüsste schon eine, Doktor, aber sie würden mich für verrückt halten, wenn ich es Ihnen sage." „Nun ist aber wirklich Schluss mit den Scherzen Crimbley, Sie haben eine Menge nachzuholen, versuchen Sie jetzt zu schlafen."

Nachdem der Arzt gegangen ist, betritt Norma den Schlafraum ihres Mannes und tritt auf Zehenspitzen an sein Bett „John, höre mir gut zu, diesmal hast du noch einmal Glück gehabt, aber ich warne dich, wenn du nicht von dem Mädchen ablässt, bekommst du keinen Penny mehr von mir. Ich lasse dich beobachten und weiß alles über dich. Was erzählst du eigentlich deiner schönen Freundin, dass du Millionär bist? Ich kann es mir fast denken. Aber das sage ich dir, für jede deiner Ausgaben wirst du dich ab heute bei mir verantworten müssen. Sollte dir das nicht passen, kannst du ja gehen. Ich liebe dich noch Jonny und ich kenne Mittel deine Liebe zu erzwingen."

„Sei deiner Sache nicht so sicher, auch ich könnte dich zu Fall bringen." „John, einen Unterschied gibt es zwischen uns.

Du hast keinerlei Beweise gegen mich, ich dagegen aber Zeugen für deine Untreue. Soll ich deiner kleinen Freundin erzählen, was ich von dir halte! Soll ich ihr sagen, dass du ein Schwächling bist, ein Nichts ohne mein Geld! Ich habe dich vollkommen in der Hand John und werde alles daransetzten, damit es so bleibt.“ „Du schreckst also auch nicht vor einem Mord zurück?“ „Auch nicht vor einem Mord mein Lieber.“ Hochmütig lächelnd richtet sie sich auf und verlässt, ohne sich noch einmal umzusehen den Raum.

Einfach verrückt, denkt John Crimbley und er kann nichts dagegen unternehmen, will er nicht bettelarm auf der Straße landen.

Nach einer trotzdem ruhig geschlafenen Nacht fühlt er sich wohler. Ihm ist ein genialer Plan eingefallen. Er schreibt einen Brief, versiegelt ihn und begibt sich anschließend in die Küche.

Misses Applewood ist gerade mit dem Zubereiten des Frühstücks beschäftigt, als er eintritt.

„Da sind Sie ja Mister Crimbley, ich war in großer Sorge um Sie. Hoffentlich fühlen Sie sich schon etwas wohler. Wie konnte das nur passieren mit den Schlaftabletten?“ „Jetzt fangen Sie nicht auch noch damit an, Misses Applewood. Natürlich habe ich die Pillen nicht nehmen wollen. Ich sehe doch nicht wie ein Selbstmörder aus, hm?“

„So meine ich das ja auch nicht. Ich wiederhole nur, was Ihre Frau sagt.“

John Crimbley begibt sich gut gelaunt ins Wohnzimmer und setzt sich an den Frühstücktisch. An diesem Morgen wirkt er wie ausgewechselt. Als seine Frau eintritt, steht er sofort auf und geht ihr ein Stück entgegen. ‚Wie in alten Zeiten’ denkt er.

Seine Angetraute betrachtet ihn mit unverhohlener Neugier und weiß nicht recht, wie sie diese Wendung auslegen soll. Insgeheim mahnt sie sich zur Vorsicht, während sie ihm ebenfalls ein freundlicheres Gesicht zeigt. Es ist ja auch möglich, dass sie ihm mit ihrer gestrigen Unterredung den Kopf zurechtgesetzt hat. „Norma was würdest du sagen, wenn wir noch einmal ganz von vorne anfangen. Ich lasse ab von dem Mädchen und du versuchst ebenfalls ein wenig freundlicher zu sein.

Weißt du noch, als du immer Jonnylein zu mir sagtest? Ich dagegen nannte dich Federchen, das warst du damals auch, ein zerbrechliches, zartes Federchen." „Ja Jonny, wir machten ganz schön Schlagzeilen bei unserer Hochzeit. Millionenerbin heiratet Messerwerfer! Du verdrehtest mir gewaltig den Kopf, ach es war eine fabelhafte Zeit mit uns. Wirst du mir denn jemals den Anschlag auf dein Leben verzeihen können?"

„Norma, jeder verliert einmal den Kopf. Ich verschuldete es ja schließlich mit. Komm lass uns nicht mehr darüber reden. Was würdest du davon halten, wenn ich wieder in meinen alten Beruf zurückkehre. Das untätige Herumsitzen kann mich auf die Dauer nicht mehr ausfüllen. Außerdem hätte ich nicht immer das Gefühl, nur von deinem Geld zu leben." „Weißt du John, im Grunde habe ich nichts dagegen einzuwenden, aber bist du dafür nicht schon ein wenig zu alt?" „Im Gegenteil Norma, ich habe mich noch nie so jung und wohl gefühlt."

Mit einem Satz ist er aus dem Zimmer und kommt kurz darauf wieder mit einem schwarzen Kasten zurück, in dem er ein Dutzend scharfe Wurfmesser aufbewahrt. „So Norma, nimm bitte die Serviette in beide Hände, hast du Mut?"

Während sie das Tuch seitlich ihres Körpers hält, bringt er eine Zielscheibe an der Wand dahinter an, sodass diese für ihn vollkommen unsichtbar wird. Er setzt mit sicherem Griff zum Wurf an. Das Messer zerschlitzt die Serviette und trifft zielsicher genau ins Schwarze der Scheibe.

„Bravo Jonny, das hätte ich dir gar nicht mehr zugetraut. Woher nimmst du denn eine Assistentin die todesmutig genug ist?" „Lass mich nur machen, Norma." Genau das sagt er und meint es auch so.

Als Myrna Wilder einen Brief erhält ist sie sehr verwundert. Ihre Miene hellt sich schnell auf, während sie die Zeilen liest. Schließlich weitet sich sogar ihr Blick und verrät äußerste Verwirrung. Das will John also wirklich für sie tun und er schreibt auch, dass es vollkommen ungefährlich sein wird. Endlich könnten wir dann heiraten. Jedenfalls braucht er ihre Hilfe und sie will ihn nicht enttäuschen.

Kurzentschlossen kündigt sie am nächsten Morgen ihre Stelle als Verkäuferin, besorgt sich eine langhaarige Perücke und einen Bikini aus Goldlamé, mit dazu passendem Umhang. Dann geht sie nach Hause, zieht ihr bestes Kostüm an, setzt die Perücke auf, schminkt sich etwas stärker als gewöhnlich und findet sich im Spiegel betrachtet, völlig fremd. Das heißt, sie ähnelt nun tatsächlich Norma Crimbley. Je weiter sie sich von ihrem Spiegelbild entfernt, desto grösser wird die Ähnlichkeit. Dann dreht sie ausgelassen eine Pirouette und lässt sich, leicht außer Atem, in den Sessel fallen. Soweit hat sie alles getan, was John ihr schrieb. Dann nimmt sie die Tageszeitung vom Tisch und schneidet die Annonce aus. Zuletzt verbrennt sie den Brief ihres Geliebten und bestellt sich ein Taxi.

Der heutige Tag ist für John Crimbley ein sehr arbeitsreicher. Sechs Bewerberinnen melden sich auf seine Anzeige. Es gibt auch schon gute Aussichten auf ein Engagement in einem Varieté Theater, man hat ihn also noch nicht in der Szene vergessen.

Norma ist so nett zu ihm, wie sie es lange nicht mehr war. Sie wendet sich ihm wieder ganz zu, hebt sogar die Trennung der Schlafräume auf. Nur ihr Blick, mit dem sie ihn manchmal ansieht, scheint ihm nicht ganz geheuer. Naja, sie war schon immer etwas extrem. Wenn Myrna mit allem einverstanden ist, kann gar nichts falsch laufen. Als es klingelt, schreckt er aus seinen Gedanken auf, das müsste sie sein. Er hört, wie die Haushälterin zur Tür geht und beeilt sich ebenfalls. Myrna, so stellt er fest, spielt ihre Rolle großartig und man nimmt es ihr wirklich ab, dass sie ihm zum ersten Mal gegenübersteht. Nachdem sich die Haushälterin zurückzieht, führt er sie in den Park, wie mit den vorherigen Bewerberinnen geschehen. Gerade erreichen sie den Platz, auf dem er seine Kulisse aufgebaut hat, als sie Schritte vom Kiesweg vernehmen. Es ist Norma in einem sehr jugendlichen Aufzug. „Nun John, ich hoffe, dass du dich bald für eine der reizenden jungen Damen entscheiden wirst.“ Falls sie bemerkt haben sollte, dass eben dieses Mädchen hier Ihr sehr ähnelt, hat sie sich beispielhaft in der Gewalt.

„Wie war denn noch Ihr Name, Misses Applewood nannte ihn mir zwar soeben, aber ich scheine allmählich vergesslich zu werden.“ „Ich heiße Eleonore Wether.“ „Ach ja, stimmt, so sagte sie mir, mit Miss Wether kannst du aber bestimmt präsent sein, mein Lieber. Wissen Sie, er schickte alle anderen Damen wieder nach Hause. John, hast du Miss Wether schon auf die Probe gestellt?“ „Wir wollten gerade beginnen. Miss Wether, wenn Sie jetzt bitte zum Teehaus dort hinten gehen würden und die darauf vorgezeichnete Stellung an der Wand einnehmen würden.“

Mit festen Schritten schreitet Myrna davon und begibt sich an den benannten Ort. Hart drückt sie ihren Körper an die Wand des Pavillons, während John einen Wandschirm vor ihr zurechtrückt. Für sein Auge ist ihr Körper jetzt völlig verdeckt. Er selbst nimmt Maß, fünf Schritte davon ab, talkumiert sich die Hände und wirft seine Messer hintereinander durch den dünnen Stoff des Paravents gegen die Wand. Erleichtert tritt Myrna aus dem Messerwald heraus. „Das hat ja großartig geklappt John, ich glaube, du kannst sie engagieren.“ „Das denke ich auch Norma, sie wirkt sehr mutig.“

Mehrere Wochen vergingen, das Theater nahm John Crimbley unter Vertrag und der Tag der Premiere nahte. An diesem Morgen sitzt das Ehepaar Crimbley am Frühstückstisch, als John ein enttäuschtes Gesicht aufsetzt. „Stell dir vor Norma, Eleonore Wether muss die Vorstellung absagen. Sie hat hohes Fieber und kann heute Abend nicht auftreten.“ „Dann musst du eben die ganze Sache abblasen.“ „Aber Liebling, das kann ich unmöglich, du weißt doch wie viel für mich davon abhängt und auch der Vertrag mit dem Theater, undenkbar.

Ich weiß, ich verlange jetzt viel von dir, aber könntest du nicht für dieses eine Mal einspringen?" „Hm, John, das ist mehr als viel verlangt, aber ich will dir beweisen, dass ich wirklich zu dir halte. Eine gewisse Ähnlichkeit zwischen deiner Assistentin und mir lässt sich ja nicht verleugnen." „Der Wechsel ist ja nicht wichtig, wird bestimmt niemandem auffallen." „Das hoffe ich auch für dich, John."

Nach Beendigung des Frühstücks zieht sich Norma zurück. Sie hat noch viel für den Abend vorzubereiten. Im Stillen freut sich ihr Mann, dass alles so gut vorangeht. Wie schnell kann doch ein Messer ausrutschen, und dann winken die Millionen nicht nur, sondern nehmen feste Formen an.

Froh gelaunt erwartet er den Abend. Auch Norma, die inzwischen aus der Stadt zurückgekehrt ist, befindet sich in Hochstimmung. „Schau John, sehe ich nicht genau wie deine Assistentin aus?" „Tatsächlich, Norma, du siehst ihr zum Verwechseln ähnlich." „Weißt du John, ich habe mir das gleiche Kostüm gekauft, damit es bestens klappt." „Du denkst auch an alles, ich danke dir." „Jetzt müssen wir aber fahren John, sonst verpassen wir noch unseren ersten gemeinsamen Auftritt."

Glänzend, einem Torero gleich, betritt John Crimbley die Bühne, verbeugt sich und vollführt mit seinen Messern einige Kunstgriffe in der Luft. Währenddessen schwebt zögernd und etwas blass seine lebendige Zielscheibe herein, vollführt einen leichten Knicks und löst graziös den Umhang von Ihren Schultern. Dann begibt sie sich hüftschwingend hinter den Paravent, und presst den immer noch zitternden Körper gegen die kalte Wand. Das ist der Moment in dem John Crimbley sich einem kleinen Tischchen zuwendet, auf dem seine blitzenden Messer schön geordnet liegen.

Totenstille erfasst nun die zuschauende Menge, denn nicht immer geht so etwas gut. Er setzt zum Wurf an, präzise folgt ein Messer wie im Rhythmus eines Tanzes dem anderen.

Nun das Letzte, schon atmen die Zuschauer erleichtert auf, als ein gurgelnder Schrei durch den Raum gellt.

Sekunden später fällt der Vorhang. In sehr kurzer Zeit eilen hinter der Bühne von allen Seiten Menschen heran.

Stumm betrachten sie die zusammengesunkene Frauengestalt hinter dem Paravent, den sie grotesk wirkend mit ihrem Arm umschlingt, während ein Blutstrom aus ihrem Munde quillt. Die Hand des anderen Arms umkrallt den Griff eines Messers, das tief in ihrer Kehle steckt. Langsam nähert sich John Crimbley der am Boden Liegenden und erstarrt.

Statt seiner Frau tötete er seine Geliebte. Wie konnte das nur passieren, sie sollte doch zu Hause sein und krank spielen.

In Entsetzen versunken, merkt er nicht, dass sich Norma der Menschenmenge auf der Bühne beimischt und sich ihm nähert.

Als er sich abwenden will, weil er den Anblick der Toten nicht länger ertragen kann, legt sich eine Hand mit festem Griff auf seine Schulter. „Wie sagt man John, stößt Norma zischend hervor, wenn einer seine Prüfung nicht besteht, ist er durchgefallen, genau so geht es dir gerade. Leider sehe ich hier nun keine Möglichkeit, diese zu wiederholen. Obwohl ich genau wusste, dass du mich ermorden wolltest, bin ich auf deine Spiele in den letzten Wochen eingegangen. Vielleicht hegte ich immer noch die Hoffnung, du könntest dich eines anderen besinnen, aber dies ist jetzt nicht mehr wichtig für mich. Verstehst du John, ich hasse dich, schade um Myrna Wilder, sie war im Grunde ein anständiges Mädchen, leider etwas leichtsinnig. Du wunderst dich, warum ich ihren wahren Namen kenne. Ich sagte dir doch einmal, dass ich jeden deiner Schritte beobachten lasse.

Nun sieh mich nicht so an. Jeder Verbrecher begeht irgendwann einen kleinen Fehler und der bringt Ihn dann doch auf den elektrischen Stuhl. Du hättest eben auch die kleinsten Dinge in Betracht ziehen sollen. Was wird wohl die Polizei sagen, wenn sie erfährt, dass Myrna Wilder gar nicht krank war, als ich sie heute Mittag aufsuchte. Sie packte gerade lustig ihre Koffer, wollte mir nichts erklären und fühlte sich ertappt. Ich sagte ihr auf den Kopf zu, dass sie deine Geliebte ist.

So konnte ich sie überzeugen und zwingen, doch heute Abend statt meiner aufzutreten. Ansonsten würde ich alles auffliegen lassen. An meiner Entschlossenheit hatte sie keinen Zweifel.

Da wir unsere Rollen erst in der Damengarderobe des Varietés vor Beginn des Programms tauschen wollten, hatte ich keine Sorge, sie könnte mein Spiel durchschauen.

Natürlich versprach ich ihr, dich von unserem Wechsel in Kenntnis zu setzten, da wir uns ausgesprochen hätten, und keinerlei Groll mehr gegeneinander hegten."

„Das hilft dir trotzdem nicht Norma. Myrna ist tot. Es war ein schrecklicher Unfall." „So John, würdest du denn die Güte haben dich einmal umzusehen. Genau zu dem Zeitpunkt, als du im Begriff warst den Höhepunkt deiner Schau zu erklimmen, rief mein Detektiv schon längst anonym die Polizei an, um ihr von deinem Vorhaben zu berichten.

Du siehst, ich stellte dich in deiner eigenen Falle. Tatsächlich löst sich in diesem Augenblick eine Gestalt aus dem Hintergrund, die sich beim Herannahen als Polizeikommissar vorstellt. Es kann als Glück für Norma Crimbley bezeichnet werden, dass sie das Gespräch mit Ihrem Mann leise führte, sonst wäre auch sie im letzten Moment noch wegen Beihilfe zum Mord im Zuchthaus gelandet. Für einen guten Plan sollte man eben an alles denken.

Das sinkende Schiff

Vor etwa drei Monaten besuchte uns Charles Simon, ein befreundeter Arzt. Wir saßen gerade gemütlich vor unserem Fernseher und freuten uns auf einen englischen Krimi, der in zehn Minuten beginnen sollte.

Gewöhnlich stellten wir natürlich das Gerät ab, wenn wir besucht wurden, aber heute fragten wir unseren Freund, ob er nicht Lust hätte, den Film mit uns gemeinsam anzuschauen.

Er verneinte in einer Art und Weise, die uns für einen Augenblick sofort schockierte. Sonst still, friedlich und anpassungsfähig, reagierte er nun direkt aggressiv auf unser Angebot.

So erinnerten wir uns der Gastfreundschaft, passten uns an, indem wir den Apparat ausschalteten.

Mein Mann, der nie mit etwas zurück hielt, fragte ihn, warum er heute so ungehalten sei. An sich sei nichts besonderes, meinte Charles, aber er habe eine Idee, die ihn nachts nicht schlafen ließ. Noch könne er uns, seine wirklichen Freunde nicht ins Vertrauen ziehen. Nicht, weil ihm der Mut dazu fehle, mehr, weil er uns zu schonen versuche.

Einstweilen sollten wir uns mit dieser knappen Auskunft begnügen. Eisiges Schweigen brach nun aus und ich wünschte, wenigstens noch die Stimme des Nachrichtensprechers zu hören. Wir saßen uns Statuen gleich gegenüber, die sich in ihrer Unbeweglichkeit nicht zu nähern wussten.

Ich entzog mich dieser Situation, indem ich Getränke besorgte und konnte mich so eine Weile beschäftigen.

Als ich aus dem Weinkeller heraufkam, schien sich die Spannung gelöst zu haben. Die Männer schnitten sich gerade eine Zigarre an und ich sah ihre zufriedenen Mienen die voll von dieser kultischen Handlung in Anspruch genommen schienen.

Während ich den Wein einschenkte und die ersten Rauchwölkchen zur Decke zogen, bemerkte ich einen anerkennenden Blick unseres Gastes, der nun bequemer im Sessel saß.

Viele Abende dieser einfachen, gemütlichen Art hatten wir schon mit Charles Simon verbracht. Unsere verschiedenen Charaktere fanden sich meist nach der zweiten Flasche Wein und manch guter Gedanke wuchs aus unseren Gesprächen heraus. Wenn sich Charles dann spät in der Nacht verabschiedete, äußerte er oft den Wunsch, eines Tages doch sein Junggesellendasein aufzugeben und sich eine liebe Frau zu suchen. Wir wussten, dass es wohl schwerlich dazu kommen würde, da er sehr eigenbrötlerisch und wählerisch war.

Fühlen sich Frauen manchmal auch zu einem ungeschickten, im Umgang etwas tölpelhaften Mann hingezogen, stößt es sie spätesten dann ab, wenn sie nach näherem Kennenlernen feststellen, dass sein Innerstes hart und kalt sein kann. Uns gegenüber verhielt er sich nicht so, aber wir wussten von einigen Kandidatinnen, die sich aus diesem Grund wieder von ihm abwandten.

Dr. Simon wollte uns also noch nicht ins Vertrauen ziehen. So viel wussten wir, er hatte ein Problem, dass ihn völlig gefangen hielt, worüber er aber nicht sprechen konnte.

Während wir über die alltäglichen Dinge plauderten, sah ich wohl das Blitzen in seinen Augen, eine schelmische Freude, da er spürte, dass wir vor Neugier fast platzten.

An diesem Abend verließ er uns früher als es sonst der Fall war. Er wirkte beim Abschied fröhlich und entspannt. Mein Mann und ich lagen noch lange wach, grübelten über ihn nach. Wir kannten Charles als guten Chirurgen, der in seiner Tätigkeit mehr aufging, als manchmal notwendig war.

Zu seinen Patienten im städtischen Krankenhaus unterhielt er gute Kontakte, was bei einem Chefarzt sehr selten der Fall ist. Hatte er sich nun wieder in eine Patientin verliebt und wollte uns vielleicht erst vor eine vollendete Tatsache stellen wenn er selbst Gewissheit hatte, dass sein Werben erwidert wurde.

Wir erdachten die möglichsten und unmöglichsten Dinge und kamen an diesem späten Abend zu keinem befriedigenden Schluss.

Eine Woche später rief Charles an. Er lud uns zu einem kleinen Abendessen ein und wir freuten uns darauf, da seine Haushälterin ausgezeichnet kochte.

Als wir die gut ausgeleuchtete Auffahrt zu seiner Villa herauffuhren, stand er schon winkend an der Tür. Wieder fanden wir dieses Verhalten ungewöhnlich und schauten uns schweigend an. Wir parkten den Wagen vor seinem Anwesen. Er kam uns mit ausgebreiteten Armen und wie mir schien, mit hektisch geröteten Wangen entgegen. Charles trug einen eleganten weißen Anzug mit weißen Sportschuhen und einem passenden Seidenschal im Hemd. Freundschaftlich legte er seinen Arm um meine Schulter, zog mich leicht zu sich heran, als wäre er ein Don Juan. Dann führte er uns in sein Kaminzimmer, wo das prasselnde Feuer dämonische Schatten warf.

Um den Kamin herum standen flache Tischchen, bedeckt mit allerlei Köstlichkeiten. Sofort fielen wir in die bequemen Polstersessel und prosteten uns zu, da er hastig aus einer geöffneten Rotweinflasche einschenkte. Schwer rann der Bordeaux unsere Kehlen hinunter. Wir tranken schnell, als hätte er uns mit seiner teuflischen Stimmung angesteckt.

Kaum hatten wir einen der schweren Kristallpokale geleert, schenkte er nach, zwang uns förmlich zum Trinken in seiner faunischen Ausgelassenheit. Was hatte diesen blässlich, pedantischen, sturen Bock derart verändert? Nun sah ich sie auch, diese Kälte in seinen Augen, diese Boshaftigkeit in seinem Verhalten, von der man mir schon oft berichtet hatte. Das Flackern des Kaminfeuers schien diesen Eindruck noch zu verstärken. Ich fühlte mich unbehaglich und konnte zum ersten Mal die dargereichten Delikatessen nicht genießen.

Ein runder Vollmond beleuchtete das große Terrassenfenster durch das wir die Rasenfläche, umgeben von alten Bäumen liegen sahen. Um diesen Park, der sich bis zu einem Bach leicht abfallend erstreckte, beneideten wir ihn immer.

Durch die leicht geöffnete Terrassentür zog ein Wind herein, strich über uns hinweg, lies das Feuer im Kamin aufflackern und uns trotz der Wärme frösteln. Als wäre dies ein Zeichen, erhob sich Charles, vom schweren Wein schon schwankend und lallte, „ich will euch etwas zeigen, kommt, es ist nichts Besonderes, noch nicht. Ich sage euch, wenn es gelingt was ich vorhabe, wird die Menschheit von einer großen Plage befreit."

Also war es keine Frau, die ihn in Atem hielt und derart veränderte. Ich schämte mich ein wenig, dass ich mich auf der falschen Spur befand. Sein amüsierter Blick verstärkte noch in mir das Gefühl der Einfältigkeit, der ich mich hingegeben hatte.

Wir gingen hinaus, schritten über die Samtigkeit des englischen Rasens, blieben erst stehen, als die natürliche Grundstücksmarkierung, der Bach, uns Einhalt gebot.

„ Meine lieben Freunde, wie ihr ja wisst, schoss ich hier früher Ratten, diese lieben kleinen Tierchen, die ich verabscheue wie nichts auf der Welt. Nur hatte ich den Eindruck, dass es mit jedem erlegten Exemplar immer mehr wurden. Nicht ich vernichtete sie, sondern sie mich, indem sie mir höhnisch ins Gesicht grinsten und meinen Hass aufstachelten, sodass er mich fast auffraß. Jetzt drehe ich den Spieß um, ihr werdet es schon bald sehen.

Mich schauderte, was sich nun ereignete glaubt man nur, wenn man dabei gewesen ist und auch dann muss man sich an den Kopf fassen, damit man nicht meint, man träume.

Ich musste an den Rattenfänger von Hameln denken, nur hatte der eine Flöte, deren Klang die Ratten wie hypnotisiert folgten. Hier aber kamen die Wasserratten aus den Höhlen des Bachufers heraus und näherten sich uns ohne Scheu. Männchen machend richteten sich unzählige Ratten vor Dr. Simon auf, sie schienen etwas Bestimmtes zu erwarten.

Er ging zu einem Geräteschuppen und verschwand im Dunkeln des Innern. Kurz darauf kam er mit einem Päckchen zurück und wickelte es aus. Wir sahen eine gräuliche Masse in einer Plastikdose, deren Deckel er öffnete.

„Nun meine Freunde, damit füttere ich die lieben Kleinen, auf diese Stunde warten sie jeden Abend. Man glaubt ja nicht wie klug diese Ratten sind. Ich könnte die Uhr nach ihnen stellen, so pünktlich kommen sie zu mir.“ Dann verteilte er die zähflüssig graue Masse über den Rasen. Vorsichtig schnuppernd und schnüffelnd näherten sich die gierigen Mäuler dieser seltsamen Nahrung, die weder Fisch noch Fleisch zu sein schien.

Nachdem die Ratten gefressen hatten, verschwanden sie wieder in den feuchten Nebeln des Baches. Mich schüttelte der Ekel, nicht so sehr wegen der Ratten, vielmehr fing ich an zu ahnen, dass dieser Mensch einen abstrusen Weg eingeschlagen hatte. Seine Stimme riss mich aus meiner Verworrenheit.

„Seht ihr, der Tölpel den die Frauen nicht mögen, wenn sie ihn erst richtig kennen lernen, ist er doch nicht ganz so uninteressant. Natürlich kann ich den Ratten nicht jeden Tag in der Woche, manchmal nicht einmal wöchentlich diese Herrlichkeiten verfüttern, aber das spielt keine Rolle. Gewohnheitsmäßig füttere ich sie trotzdem jede Nacht mit allerlei, denn Ratten sind nicht wählerisch. Was war nur mit Charles geschehen?

Während wir zur Villa zurückgingen, sprachen wir kein Wort. Jeder von uns hing seinen eigenen Gedanken nach. Das Feuer im Kamin glomm nur noch und gemahnte an Abschied. Mit dem Gefühl, in eine andere Welt, in einen vielleicht todbringenden fremden Kult eingedrungen zu sein, verließen wir unseren seltsamen Freund.

Ich bin beileibe keine zimperliche Frau, oder ein Wesen, das bei schockierenden Situationen leicht zusammenbricht. Trotzdem berührte mich die seltsame Verhaltensweise unseres Freundes höchst unangenehm. Das Ganze kam mir grotesk vor und ich spürte, dass Schlimmeres daraus erwachsen würde. Der Zufall wollte es, dass ich Charles bald wieder begegnete. Auf Grund einer undefinierbaren Lebergeschichte musste ich einige Tage zur Beobachtung ins städtische Krankenhaus.

Auf meinem Zimmer lag eine krebskranke ältere Frau deren Körper voller Metastasen war und selbst durch eine Operation nicht mehr gerettet werden konnte. Dieses erzählte sie mir, und ich hatte den Eindruck, dass sie schon in halber Agonie lag.

Ihr Kampf mit dem heranschleichenden Tod, der ihr eingefallenes Gesicht schon stark zeichnete, schenkte ihr nur noch wenige klare Augenblicke. Schon oft musste ich die Kraft bewundern, die dem menschlichen Leben noch einmal kurz vor seinem Dahinschwinden eingehaucht wird. Da ich selbst nicht leidend war und hoffen durfte, alsbald mein Krankenlager wieder zu verlassen, widmete ich meine Aufmerksamkeit dieser mutigen Sterbenden.

Sie schien keine Angehörigen oder irgendwelche Freunde zu besitzen. Jedenfalls besuchte sie kein Mensch.

Außer mir kümmerte sich nur noch Dr. Simon im Verbund mit der Schwester um sie. Zur Visite und manchmal auch zwischendurch kam er allein und schickte sogar mich aus dem Zimmer. Einmal wurde mir die Zeit auf dem Flur zulange und ich lugte durch die nur angelehnte Tür.

In beschwörender Haltung beugte Charles sich über die Kranke und ich vernahm neben ihren leisen Seufzern auch die keuchend hervorgestoßenen Atemzüge des Arztes.

Dazwischen wechselten sie knappe Worte, als hätten sie wenig Zeit. Dann erhob er sich und zog eine Spritze auf, wobei er nun meiner gewahr wurde. Ich fühlte mich entdeckt, wollte mich gerade für mein Eindringen entschuldigen, als er hastig abwehrte. „Komm nur herein, wir sind sowieso fertig, die Patientin wird jetzt gleich ruhig schlafen."

Dann verließ er uns sehr zufrieden wirkend und auch ich legte mich wieder zu Bett. Ich versuchte mich mit einem Krimi von Boileau-Narcejac, der sich „Die trauernden Witwer" nannte, abzulenken. Immer wieder musste ich zu der bereits eingeschlafenen Kranken hinüberäugen und konnte mich nicht auf mein Buch konzentrieren. Würde diese Frau vielleicht auch einen Witwer hinterlassen, fragte überhaupt jemand nach ihr, ich glaubte es nicht. Während ich über meinem Buch in einen oberflächlichen Schlaf gefallen war, rissen mich fast tierisch anzuhörende

Wortfetzen aus den Kissen, ließen mich in großem Erschrecken auffahren. Sofort eilte ich hellwach zum Bett der Kranken, um die möglicherweise letzten Worte von ihren Lippen aufzufangen. Nun röchelte sie aus halb geöffnetem Mund und starrte mich mit weitaufgerissenen Augen an. Ihre matte Hand versuchte meinen Arm zu pressen. Ich beugte mich über ihren Kopf so nah es nur ging, roch den fauligen Atem, spürte die klebrige Feuchtigkeit ihrer Haarsträhnen. Dann konnte ich sie verstehen.

„Ratten, Ratten, wir müssen sie gemeinsam vernichten. Das Gift dafür liegt in meinem Gehirn, es ist der Schlüssel, verstehst du, ruf Dr. Simon, er soll es herausnehmen, solange ich noch warm bin.“ Ich fuhr entsetzt hoch und schrie laut auf. Dann klingelte ich der Nachtschwester, bis sie kam, schien eine Ewigkeit zu dauern. Noch immer hielt die Sterbende meinen Arm fest. Ihre Hand löste sich erst von mir, als Charles mit der Schwester hereinkam. „Sie ist tot“, stellte er barsch fest und drückte ihre Augenlider herunter.

Dann wechselte er einen verständnisinnigen Blick mit seiner Begleitung und sie schoben gemeinsam das Bett der Toten an mir vorbei, wie mir schien in größter Eile.

In der nun eingetretenen Stille saß ich wie betäubt auf meinem Bettrand und versuchte nachzudenken. Ich erlitt einen Schock, denn ich konnte weder sprechen noch weinen, mich auch nicht bewegen. Die Gefühlskälte der Krankenhausmaschinerie hatte auch mich erfasst.

Am nächsten Morgen stand ich schon früh auf, hatte Gott sei Dank meine Sprache wiedergefunden und erkundigte mich nach Dr. Simon. Jedoch erhielt ich keinerlei befriedigende Auskunft.

Ich wusch mich ein wenig und taumelte mit noch zittrigen Gliedern auf den Krankenhausflur hinaus. Scheinbar ziellos irrte ich herum und befand mich doch irgendwie plötzlich vor der Tür mit der Aufschrift ‚Chefarzt Dr. Charles Simon‘.

Früher kannte ich ihn gut genug, um ihn jederzeit zu besuchen. Nun aber stutzte ich und wusste nicht, was ich anfangen sollte.

Dann hatte ich doch die Klinke in der Hand und drückte sie energisch, ohne vorher anzuklopfen, herunter. Die Tür war nicht verschlossen, also trat ich ein. Charles saß hinter einem schweren Schreibtisch und schaute mich über seine Brille an. Dann lächelte er seltsam aus einem Mundwinkel und sagte, „kommst du als Gleichgesinnte, oder muss ich dich von nun an als Feindin meiner Sache betrachten.“ Ich verstand noch immer nicht ganz, obwohl mir seit der vergangenen Nacht einiges dämmerte. „Setz dich, ich glaube ich bin dir eine Erklärung schuldig. Hat die Sterbende dir etwas gesagt?“

Ich log, beteuerte mit einer Stimme, die mir nicht mehr zu gehören schien, mein Nein. Er hörte mir gar nicht zu und sprach schon weiter. „Kannst du mir einen Menschen nennen, der Ratten mag, du bist doch tierliebend, möchtest du auch eine Ratte in deinem Haus beherbergen? Hier im Krankenhaus gewann ich in den letzten Monaten viele Freunde meiner Idee, sie alle schenkten mir nach ihrem Tode ihre Gehirnmasse. Da kein Mensch die Ratten mag, viele sie sogar hassen, kann ich jedes Gehirn brauchen. Du hast ja selbst gesehen, wie ich sie mit der grauen Masse fütterte.“ Das war es also, er warf seinen Wasserratten menschliches Gehirn zum Fraße vor.

Entschlossen fuhr er fort, „schau, ich denke mir das so, die Ratte ist eins der klügsten Tiere. Sie nimmt unheimlich schnell neue Erfahrungen auf und gibt sie weiter. Es müsste möglich sein, ihr durch die Eingabe meines Spezialfutters ganz andere Instinkte zu verleihen. Damit wird sie nicht menschlicher, oh nein, sie bleibt, was sie nun einmal ist, ein Krankheiten übertragendes Ungeziefer, dessen Übermacht wir bald nicht mehr Herr werden. Ein Funke wird dadurch vielleicht überspringen, ich nenne ihn den Rattenvernichtungsgedanken, der in uns wohnt. Sie könnten gegen sich selbst ein Gift erfinden, oder, wenn das zu viel ist, sich gegenseitig totbeißen. Ein Gehirn so wie ich es in der letzten Nacht bekam, ist natürlich schon seltener. Die Verstorbene war eine ausgemachte Rattenfeindin und entwickelte einen ungeheuren Vernichtungsgedanken.

Du glaubst nicht, was sie in ihrem Leben schon alles ersann, um diese Schädlinge zu beseitigen. Heute Nacht warf ich ihr noch warmes Gehirn meinen Wasserratten vor, sie machten sich mit Gier darüber her."

Ich hatte schon von vielen Rattenexperimenten gehört und gelesen. Unter anderem erinnerte ich mich hier einer Versuchsreihe, in der man jungen Ratten das Hirn verstorbener älteren Ratten unter das Essen mischte. Kurz danach hatten die jungen Tiere die Erfahrungen und das Wissen der Älteren in sich aufgenommen und vollführten, als sei es nie anders gewesen, die gleichen Tricks, die man den für diesen Versuch präparierten Ratten mit viel Mühe beigebracht hatte.

Also waren Ratten fähig, gespeichertes Wissen durch Verzehr von Hirn in sich aufzunehmen. Aber ging das auch mit den menschlichen grauen Zellen? Ein solcher Gedanke entsprang doch eher einer überspannten Phantasie, wie ich sie bei Charles nun langsam vermuten musste.

Der Tag meiner Entlassung kam und ich freute mich darauf, wieder zu Hause zu sein. In meiner gewohnten Umgebung erholte ich mich sehr schnell von der krankhaften Atmosphäre, die Charles und sein Gefolge ausstrahlten. Mein Mann, dem ich davon berichtet hatte, unterstütze mich nach Kräften. Bald glaubte ich nur noch, einen Spuk erlebt zu haben. Unseren Freund wollten wir in der nächsten Zeit nicht einladen.

Er schien sich ebenfalls von uns zurückgezogen zu haben, denn wir hörten auch von ihm nichts mehr. Er hatte nun ja neue Freunde, seine Totgeweihten, die ihm und seinen Gedanken zur Unsterblichkeit verhelfen wollten, ihm dafür seine Seele verkauften. Ab und zu sprachen wir noch über ihn, aber es war mehr eine Erinnerung an glücklichere Tage, die uns mit ihm freundschaftlich verbanden. Allmählich hingen nur noch Fetzen einer verblassenden Freundschaft in der Luft und wir griffen nicht einmal danach.

Dann kam ein Brief. Wie ein Gewitter schlug er ein, und warf uns mit seinem Inhalt erneut aus der Bahn:

„Liebe Freunde, ich muss mich nun doch eurer erinnern. In der Gefahr sucht der Irrende einen Halt. Ihr seid das schon früher immer für mich gewesen, so seltsam es klingen mag. Eurer häuslichen Ordnung fügte ich mich stets gerne, solange ich mich darin sonnen durfte. Ich ließ nichts von mir hören, weil ich zu beschäftigt war und es auch jetzt eigentlich noch bin. Ich sehe einer drohenden Gefahr offen ins Auge und scheue vor keiner Konsequenz zurück, ihr kennt meine Härte, wenn ich etwas durchzusetzen gedenke. Nur muss ich euch noch einmal schreiben, weil es vielleicht meine letzten Zeilen sein könnten. Bitte verbrennt den Brief, nachdem ihr ihn gelesen habt. Außer euch weiß niemand von meinen Experimenten und die Toten reden nicht, wenn sie mich nun auch arg zu bedrängen scheinen. Meine Versuche arten schlimm aus und ich bin ihrer bald nicht mehr mächtig. Die Oberschwester im Krankenhaus ahnt nichts, noch vertraut sie mir voll und glaubt an andere Versuche.

So seid ihr die einzigen Wissenden meiner ehrgeizigen Vision.

Die Ratten bringen sich gegenseitig um, nun aber richtet sich ihre Wut auch gegen mich. In Scharen laufen sie des Nachts auf mein Haus zu und wollen mich vernichten. Seitdem halte ich Türen und Fenster fest verschlossen. Ihr Kratzen und Scharren lässt mich nicht mehr zur Ruhe kommen. Was soll ich machen?

Ich habe ihnen nicht nur den Hass auf sich selbst eingegeben, sondern noch einiges mehr. Sie sind aggressiv geworden und ihre Vernichtungswut wird sich bald gegen alles Lebende richten, wenn ich ihnen nicht Einhalt zu bieten vermag. Ich sah Rattenmütter ihre Jungen fressen. Mit ihren Klauen erschlugen sie blitzschnell ihre Männchen, wenn die sich ihnen nähern wollten. Es gab ein derartiges Gerangel, ein Fauchen und aufeinander losgehen, dass ich an einen Kriegsschauplatz denken musste.

Übrig blieben nur die stärksten Exemplare. Das war vor einigen Tagen, als sie mich selbst noch nicht attackierten. Nun darf ich mich ihnen nicht mehr nähern. Die Geister der Toten, die in ihnen weiterleben, klagen mich an, fordern mein eigenes Leben.

Alles kehrt sich jetzt gegen mich, verlangt nach Sühne meiner Freveltaten. Das Bachufer ist zu einer Opferstätte geworden, wo nachts die Seelen der Verstorbenen nach mir rufen, weil ich ihre Befehle nicht richtig auszuführen vermochte. Immer stärker drängte sich mir ein Erlösungsgedanke auf. Kann ich noch etwas retten? Ich habe einen bestimmten Plan. Hoffentlich verlassen die Ratten nicht vorher das sinkende Schiff. Bitte denkt an mich wie an einen alten Freund.

Adieu Charles.“

Nun quälte uns doch unser Gewissen, denn wir hatten Dr. Simon nicht daran gehindert, sich in seiner Idee zu verlaufen.

Voller Ekel oder Furcht zogen wir uns von ihm zurück, als wäre er so eine Art Frankenstein. Tatsächlich nahm er doch nur den Wunsch aller Menschen wahr, die selbst gerne von der Rattenplage befreit sein würden. Ein Problem unserer Zeit, das bald auf uns zukommen wird, wenn wir nicht wirksamere Maßnahmen dagegen ergreifen. Ein kleines Quäntchen übersteigerte Phantasie genügt oft schon, die Träume und Vorstellungen eines Menschen zur unüberwindlichen Wirklichkeit werden zu lassen. Wer weiß schon, was sich hinter den dicken Mauern der Versuchsstationen unserer Welt alles vollzieht. Man kann mit Medikamenten, Sonden, Strömen und bewusstseinsverändernden Mitteln das Leben eines Wesens beeinflussen. Es geht hierbei nicht immer darum, das Leben zu erhalten, oft beherrscht allein der Vernichtungsgedanke, der Wunsch, alle Macht zu erlangen, unser Tun. Was fangen wir mit unserem freien Land an. Wir bebauen es mit nüchternen Wohnsilos, schließen sie zusammen zu einer einzigen großen Stadt. Diesen Eingriff wird die Natur nicht überleben. Nur gibt es auch dann noch Ratten, wenn gemeinsam mit uns Menschen alle anderen Kreaturen am Weltschmutz würgen und zugrunde gehen. Sich ungeheuer vermehrend, lauern die Ratten auf das große Sterben der Erde, auf das Ende auch der genialsten Köpfe, deren Leiber ihnen zuletzt doch zum Opfer fallen müssen. Sie haben viel Zeit im Morast unserer

Verschmutzung. Nicht das Sichtbare bringt die Gefahr, denn das kann man packen, sich dagegen wehren.

Gab es für Dr. Simon eigentlich noch einen anderen Ausweg als den in seinem Brief angedeuteten. Sicher wäre er uns böse gewesen, wenn wir ihn jetzt aufgesucht hätten.

Sein Schreiben war wohl mehr informatorischen Charakters. Zu sehr trennten uns bereits zwei Welten, liegend zwischen Realität und metaphysischer Auffassung. Niemals würden wir die Stimmen verstorbener Seelen hören, im sinnlichen Rausch des sich selbst Opferns eine Erlösung und Befreiung sehen.

Wir konnten nur hoffen, dass durch sein Tun eine Wendung zum Guten eintreten würde.

Einige Tage später klingelte es frühmorgens an unserer Tür. Als mein Mann öffnete, traten zwei Polizeibeamte herein.

„Entschuldigen Sie die frühe Störung, sicher kennen Sie Dr. Charles Simon. Seine Haushälterin nannte uns Ihre Adresse. Der Arzt ist heute Morgen von ihr am Bachufer seines Grundstückes tot aufgefunden worden. Würden Sie bitte zur Identifizierung mit uns zur Villa fahren?“ Wir zogen uns eilig an und begleiteten die Polizisten zur Unglücksstätte. Man brachte uns in das Schlafzimmer des Freundes, wohin man ihn gebettet hatte. Uns bot sich ein entsetzlicher Anblick.

Dort lag er, tot, mit einem weißen Laken bedeckt. Ein Polizeiarzt führte uns an sein Bett und hob das Tuch vorsichtig von ihm ab, damit wir auf sein Gesicht schauen konnten. An ihm war nicht mehr viel Menschliches. Stirn, Hinterkopf, Nase, Mund, Augen und Wangen fehlten, ein paar Hautreste hingen bläulich verfärbt über diesem Totengesicht. Fast entschuldigend wandte sich der Pathologe uns zu. „Wie Sie selbst sehen ist nicht mehr viel zu identifizieren. In seinem Hinterkopf hat er ein Loch, in das sie eine Faust hineinstecken könnten. Die Ränder drum herum sind ganz ausgefranst und zerbissen. Die Gehirnmasse fehlt völlig. Ich würde sagen, es waren bestimmt Ratten.

Seltsamerweise fand ich an seinem zerrissenen Körper Spuren von Strychnin, als hätte er sich selbst damit eingerieben.

Besonders viel von diesem Gift klebte auch in den Resten seiner Haare. Können Sie uns irgendwelche Angaben dazu machen?“ Wir hätten schon einiges dazu sagen können, aber wir durften nicht. Uns genügte zu wissen, warum er nicht mehr leben wollte. War der Spuk nun vorüber?

Hilflos standen wir zwischen den geschäftig hin und her eilenden Beamten. Mich umschauend, entdeckte ich die völlig gebrochen dasitzende Haushälterin unseres toten Freundes.

Ich ging zu ihr, obwohl ich sie auch nicht trösten konnte. Vom trockenen Schluchzen geschüttelt, wandte sie sich an mich. „Furchtbar war es, als ich ihn fand. Um ihn herum und auf seinem zerfressenen Körper lagen viele tote Rattenbiester. Ihre Bäuche wirkten aufgedunsen und ihr Fell war ganz starr von dem geronnenen Blut des armen Doktors.

Als ich ihn fand, lag er im Gras, fast nackt und voller Blut, die Augenhöhlen auf mich gerichtet. Zum Glück machten die Beamten schnell ein Feuer, um die schrecklichen toten Ratten zu verbrennen, weil sie doch Krankheitsüberträger sind, wissen sie. Der Polizeiarzt sagte, dass Dr. Simon schon gegen Mitternacht gestorben sein muss. Heute früh wollte ich ihn zum Frühstück rufen. Als ich ihn nirgends fand, ging ich hinaus in den Park, weil er morgens manchmal einen Rundgang machte.

Diese vielen toten Ratten und sein Anblick, nein, nein, das werde ich nie mehr vergessen. Sagen Sie mir doch gute Frau,
hat der Herr Doktor die Ratten nun umbringen wollen oder die Ratten ihn?“

Wie nahe kam dieses einfach denkende Wesen doch der Lösung des Rätsels. Wir mussten schweigen, unser Freund hatte es uns zur Auflage gemacht. So war es also, er bestrich seinen Körper von unten bis oben mit Strychnin und ging, sich der Folgen bewusst, zum letzten Mal zu ihnen an den Bach hinunter.

Er wusste, dass sie ihn anfallen würden, so sollten sie auch mit ihm gemeinsam sterben. Es gab nichts mehr zu tun. Ich brauchte frische Luft und ging zu der weitgeöffneten Terrassentür, trat heraus, lief die wenigen Steinstufen zum Park herab und schwebte über den Rasen. Ich hielt erst inne, als ich die abgebrannte Feuerstelle sah. Leichte Rauchfäden ringelten in den freien Himmel empor. Noch knackte und zischte es, wisperte und flüsterte wie von ungezählten Stimmen.

Hier hatten sie also die vergifteten Ratten verbrannt. Löschte sich damit nun ein großer Gedanke aus, oder nicht, was wollten die Stimmen, die ich nun hörte, mir sagen?

Ich verstand sie nicht und da verstummten sie. Nur musste ich hier an dieser Stelle an Seuchen, Umweltverschmutzung und Weltuntergang denken. Im klaren Wasser des Baches erkannte ich mein Bild. Es war sehr fern und sehr zerbrechlich, bis es von einer vorbeieilenden Strömung zerstört wurde.

Nun spürte auch ich eine Seelengemeinschaft mit unserem verstorbenen Freund. Während meine Augen weiter dem Lauf des Baches folgten, horchte ich auf, Pfeiftöne einer markerschütternden Frequenz trafen mein Ohr.

Eine kleine Staubwolke wirbelte davon, aus der Ferne erschallte eine triumphierende, immer leiser werdende Festmusik. Die noch lebenden Ratten hatten die Gefahr erkannt und verließen sinnbildlich das sinkende Schiff, hin zu neuen Ufern, einer neuen Bleibe, einer Müllhalde vielleicht, einem verschmutzten Fluss oder einen der vielen Slums. In der verseuchten Welt der Menschen gab es ja so tolle Möglichkeiten zum Überleben, sich vor deren Zugriffen zu verbergen. Dort könnten sie sich wieder ungestört vermehren. Nirgends wurden sie fetter, als unter der Obhut der Menschheit, die ihnen den Tisch reich deckte. Noch gab es genug Nahrung in deren täglichem Abfall und Unrat.

Um eine Erfahrung waren sie reicher geworden. Ratten von diesem Bach hatten es ihnen geflüstert. Der Mensch würde ihrer nie Herr werden, dank ihrer Intelligenz müssten sie ihm nur immer einen Schritt voraus sein.

Langsam löste sich die Staubwolke in Nichts auf. Die Pfeifmusik verhallte, wurde zur Trauermelodie meines Inneren. Bedrückt verließ ich die verbrannte Stelle des Geschehens und fröstelte in der Sonne eines neu beginnenden Tages.

Traum, Phantasie, Leben

Viel verstehen und kennen wir von unserer Erde, trotzdem wird unser Wissen nie ausreichen. Ständig verändern wir die Welt, entmystifizieren die Geschehnisse des Lebens, jedoch gelingt es uns nie im tieferen Sinne, die Welt besser zu gestalten. Im Zuge technischer Errungenschaften, stellen wir den Menschen abseits.

Wir sind zu Automaten geworden, zum vollkommen verunsicherten Objekt. Gab es nicht eine Zeit, in welcher der Mensch weniger hilflos schien? Sein Instinkt, verbunden mit einem gesunden Verstand, ließ ihn in Eintracht mit der Natur leben.

Mit dem Dahinschwinden dieser Fähigkeit wurde er allmählich ein Anderer, ein Isolierter. Es müsste gelingen, in irgendeiner Zukunft wieder ein Ganzes aus den Menschen werden zu lassen, eine Einheit, wie man es zum Beispiel in der Insektenwelt beobachten kann.

Wir finden unsere Vorbilder in der Natur, es gibt sie, wenn wir nur ein Auge dafür haben. Sollte die Erde unser Paradies sein, haben wir Menschen uns selbst diese Illusion zerstört.

Herr C. L. begegnete mir in einem Schweizer Sanatorium. Als Ausgeschlossene auf Zeit bildete er mit mir und den anderen Kranken eine eigentümliche Gesellschaft. Sehr bald spürte ich, dass es mich zu diesem sonderbar scheinenden Mann hinzog. Traurigkeit und Resignation gingen von ihm aus. Ich hatte das Gefühl, ihn beschützen zu müssen, ihn vielleicht aufheitern zu können. Aber das war es nicht nur. Mehr noch zog mich meine Neugier zu ihm hin, ließ mich seine Nähe geradezu suchen. Etwas Geheimnisvolles umgab ihn, schirmte ihn ab vor jeder Zudringlichkeit.

Eines Tages gelang es mir dann doch, mit ihm in ein Gespräch zu kommen.

Es mag sein, dass er mir anfangs mehr aus Höflichkeit zuhörte, bald aber spürte ich ein wirkliches Interesse. Er schien sich an meiner jugendlichen Aufgeschlossenheit zu erwärmen, brachte mir Sympathie entgegen.

Ich erzählte ihm, dass ich Journalistin sei und mich hier von einem erlittenen Schock erholen müsse. Es schien nicht seine Art zu sein, Menschen auszufragen und doch hatte ich gerade beim ihm das Bedürfnis meine Seele zu entladen. Ich hätte mich gerne erkundigt, was ihn denn hierher brachte, doch hielt ich mich zurück. Ich musste warten, bis er selbst daran dachte, sich mir mitzuteilen.

Wir trafen uns nun täglich. Aus unserem Beisammensein entwickelte sich eine echte Freundschaft. Wir konnten nicht mehr ohne einander auskommen, brauchten die gemeinsamen Gespräche. Das Gespräch mit ihm trug mehr zu meiner Heilung bei, als es ein Arzt überhaupt vermocht hätte. Nur ihm zu helfen, war für mich ein Problem.

Er schloss sich mir immer noch nicht auf, wich mir aus, wenn ich nur in die Nähe seiner Problematik kam. Es schien ihm zu genügen, wenn ich ihn mit meiner Weiblichkeit umgab. Vieles hatte er mir schon erzählt, von seiner Familie in England, seinen wenigen Freunden, seinen Brasilienfahrten. Ein langes, im Grunde einsames Leben musste hinter ihm liegen. Er hatte es mit niemandem wirklich teilen können. Lag darin seine Krankheit begründet? Ich wollte den Schlüssel zu seinem Herzen finden. Von seinem Arzt erfuhr ich, dass er unter einer verschleppten Malaria leide und körperlich sehr geschwächt sei.

Nun trug ich eine zweifache Sorge mit mir herum. Seine Seele war krank und wollte dem Körper nicht zur Genesung verhelfen. Er musste etwas erlebt haben, was ihn an den Rand des Erfasslichen gebracht hatte, etwas, das er mit keinem Menschen teilen konnte. Er wollte wohl auch nicht mit mir darüber sprechen, das spürte ich immer deutlicher.

Eines Tages, wir trafen uns wie gewöhnlich zu einer Unterhaltung, trug er ein kleines Buch bei sich. Es war in Ziegenleder gebunden, abgegriffen und ohne Aufschrift. Er setzte sich, schweigend und noch ernster wirkend als sonst, zu mir.

Als er nach langem Zögern endlich Worte fand, wurde ich neugierig. Dieses Büchlein enthalte einen wichtigen Abschnitt seines Lebens. Er habe es noch niemandem vor mir gezeigt und hätte auch das nicht getan, wenn er nicht spüren würde, dass es mit ihm bald zu Ende ginge. Ich soll es gut aufbewahren und nach meinem Belieben verwenden. Es sei das Einzige, was er mir noch geben könne, als Beweis seiner Zuneigung.

Er bat mich das Buch nicht zu lesen, bevor er gestorben sei. Nach diesen wenigen Worten verabschiedete er sich von mir, als würden wir uns nie mehr sehen und es blieb auch das letzte Mal, dass ich ihn sah.

Am darauffolgenden Tag überbrachte man mir die Nachricht seines Todes. Jetzt endlich durfte ich erfahren, was diesen Mann zu dem gemacht hatte, was er war.

Her C. L. entzog sich bewusst der Welt, die ihn vereinsamen ließ. Er flüchtete in seine eigene Realität. Aus Traum und Phantasie schuf er Wesen, die ihn schreckten, die nicht Wirklichkeit werden durften. Und doch wurden sie sein Leben.

Hier nun sein Tagebuch, das zu veröffentlichen, ich mich entschloss.

<Das schönste Glück des denkenden Menschen ist, das Erforschliche erforscht zu haben und das Unerforschliche ruhig zu verehren > Goethe.

Bis jetzt wusste ich nicht, wofür ich lebe, da ich mein Buch begonnen habe, gibt mir mein Dasein einen Sinn. Es scheint geduldig wie eine liebende Gefährtin zu sein, ist nachsichtig und voller Wahrheitsdrang. Das Dunkel erwacht hier und da zum Licht, wenn man versucht, es zu enträtseln.

Ich meine damit die Finsternis meiner Jugend und das Dasein im Schatten meiner selbst. Unter Menschen lebend, fand ich nicht den Weg der Verständigung mit ihnen.

Zuerst wundert man sich über diesen seltsamen Zustand der Vereinsamung, bemüht sich in krankhafter Verzweiflung eine Änderung herbeizuführen, so erfährt man die Skala menschlicher Gefühle, kennt sie alle. Zurück bleibt die Leere der Enttäuschung mit dem Nährboden für außergewöhnliche Ereignisse.

Ich weiß nun um meine Bestimmung und sehe mein verpfuschtes Leben, bestehend aus einem abgebrochenen Studium einer anschließend ungeliebten Beschäftigung in der Exportfirma meines Vaters und einer sehr wohlhabenden, aber unglücklichen ehelichen Verbindung, als nicht ganz aussichtlos an.

Es gibt die tiefe Bedeutung einer anderen Welt, einer Welt, in der wir Menschen auch leben. Ich werde ein Geheimnis ergründen, dessen erste Spuren ich schon kenne. Ein treuer Freund der letzten Jahre wird mich auf einer langen Reise begleiten. Gemeinsam rüsten wir eine Expedition nach Brasilien aus, um in der Praxis zu erleben, was uns theoretisch versagt bleibt.

Meine Liebe gehört den kleinsten Lebewesen, den Insekten, allem Getier, das zu Milliarden und aber Milliarden unsere Erde bevölkert. Mein Freund, der hünenhafte Burke, betreibt hingegen ein anderes Hobby. Er, der stets humorvolle Abenteurer, liebt die Ornithologie, lebt selbst wie ein Vogel in freier Natur.

Ich freue mich, dass er sich entschließen konnte, mit mir diese Reise zu unternehmen. Ich brauche seinen Optimismus, sein fröhliches Lachen. Er ist einer der wenigen rothaarigen Typen, die man einfach gern haben muss.

Nun sind wir, mein Freund Burke und ich, schon weit in das Innere Brasiliens vorgedrungen.

Ein beschwerlicher und von mancher Strapaze begleiteter Weg liegt hinter uns. Im Gegensatz zu Burke vertrage ich das Klima sehr schlecht und ringe mit plötzlich auftretenden Fieberanfällen, die von Übelkeit, Schüttelfrost und Kopfschmerzen begleitet werden.

Ich hoffe sehr, dass diese Reise, so erwartungsvoll begonnen, nicht ein jähes Ende für mich finden wird. Es gibt so vieles, was ich verarbeiten und worüber ich berichten muss. Ich sehe undeutlich eine neue Welt, Möglichkeiten des Überlebens, bessere menschliche Organisation. In der Ergründung des geheimnisvollen Wirkens meiner Insekten, werde ich einer denkenden Macht begegnen, die sich auf den Wellen des Äthers fortträgt. Vielleicht gelingt es mir, als Mensch mit ihnen zu fühlen. Werde ich es schaffen, das Chaos meines Inneren zu ordnen. Doch was nützen alle Vorsätze, wenn die Kraft des Körpers zu zerbrechen droht. Nun müssen wir noch früher, als es vorgesehen war, Station machen. Ursprünglich wollten wir noch ein Stück dichten Dschungels hinter uns bringen, jedoch streikten zwei unserer Träger.

Mit angsterfüllten Augen starrten sie in das undurchdringbare Dunkel und kein gutes Wort, kein noch so verlockendes Angebot, vermochte ihre Schritte vorwärts zu lenken.

Welches Geheimnis auch immer im Verborgenen ruht, ich muss hindurch. Burke stimmt darin mit mir überein und wir werden versuchen, mit den restlichen beiden Trägern auszukommen. Wir müssen einen Teil unseres Gepäcks selber tragen und Überflüssiges zurück lassen, sodass die bleibenden Eingeborenen ungehindert den Pfad mit ihrer Machete schlagen können. Fremdartig dringen die Geräusche aus dem Dickicht zu uns herüber, sie locken uns verheißungsvoll. Was sie uns auch bringen, es wird immer besser sein als das, was wir hinter uns lassen. Kein wissenschaftliches Institut wird sich voraussichtlich für die Auswertung meiner Arbeit interessieren und es scheint mir gut, so frei von Verpflichtungen zu sein. Ich suche meine Ahnen mit wilder Entschlossenheit, möchte herausfinden, wieso es zur Fehlentwicklung Mensch kommen konnte.

<Alle Lebewesen haben eine gemeinsame Herkunft>, wie recht hatte Darwin mit dieser These.

Verfolge ich nun die Evolution der Ameise, so sehe ich ein in Kasten aufgeteiltes Volk vor mir. Es gibt Männchen und

Weibchen, Arbeiter und Soldaten. Hinzu kommt eine Gruppe geschlechtsloser Roboter, riesig an der Zahl. Verschwindend gering dagegen ist die Menge der Geschlechtstiere, es sind flugfähige Königinnen und Könige.

Die Arbeitsameise selbst ist unfruchtbar und außerstande, erworbene Instinkte auf Nachkommenschaft zu übertragen.

Allein der Königin ist es möglich, die unterschiedlichsten Individuen ihres Volkes zu gebären. Unter ihnen findet man Gruppen von Arbeitern und Soldaten, gestaffelt in erheblichen Größenunterschieden. So gibt es Ameisen mit riesigen Greifzangen an ihren großen Köpfen. Naht die Zeit ihrer Wanderung, verwandelt sich das Volk in ein Heer Raubender und Mordender. Ihre Organisation verläuft mit unvorstellbarer Präzision, allein den Gesetzen der Natur unterworfen.

Kombinationen von Erbgut, die Gene, lassen den Menschen zum Menschen und das Tier zum Tier werden.

Es klingt vielleicht ein wenig banal und doch schreibe ich diesen Satz nicht ohne besonderen Grund. Durch sprunghafte Änderung eines Gens können sich vom normalen Typ abweichende Veränderungen ergeben.

So können durch parasitäre Mutationen aus uns scheußliche Ungeheuer entstehen, oder sind wir es nicht schon im Geheimen. Das Wissen des Menschen treibt ihn voran, wohin führt es ihn letzten Endes.

Wie wäre es, wenn das, was an den Gesetzen der Mutationslehre einmal positiv war, sich durch unser wissenschaftliches Verschulden zum Negativen wenden würde. Nicht jedes Individuum vermag sein Gen mit dem anderen positiv auszutauschen. Biologisch aber wäre es möglich durch künstliche Befruchtung die abscheulichsten Formen hervorzubringen.

Wir befinden uns mitten im brasilianischen Urwald. Hier könnte die Welt ihr Ende finden. Abgeschnitten von dem, was wir Zivilisation nennen, müssen wir uns recht und schlecht durchschlagen. Burke wird seine Ziele für einige Wochen von uns entfernt suchen. Er verfolgt die Spur einer seltenen Vogelart und ich sorge mich um ihn, da er ablehnt, sich von einem unserer Träger begleiten zu lassen. Mich hätte er sehr gerne mitgenommen, jedoch würde mich eine Unterbrechung meiner Arbeit zu weit zurückwerfen. Ich kann und will jetzt nicht fort. Ameisen und meine neuen Menschen, wo finde ich die Formel für eine Verbindung. Könnte ich nur folgerichtiger denken, mich besser konzentrieren. Unheimliche Dinge geschehen in meinem Innern. Ich muss zurück zum Ursprung, zum Beginn allen Seins. Gesundheitlich fühle ich mich schon etwas besser, wenn auch das Pochen in meinem Kopf nicht nachlässt.

Diesen anhaltenden Schmerz verschweige ich meinem Freund. Ich will nicht, dass er aus Rücksicht auf sein Abenteuer im Alleingang verzichten muss. Nun, er wird schon zur rechten Zeit wieder in Erscheinung treten.

Brasilien ist ein Land voller Wunder der Natur, für den Forschenden das, wovon er träumt. Ich habe unzählige Ameisen gesehen, dieses kleine Insekt scheint das Faszinierendste überhaupt zu sein. Auch fand ich Fossilien seltsamer Art, Fragmente einer versunkenen Welt. Menschliche Skelette hier und da sind nicht so verwunderlich, wenn man bedenkt, dass so mancher sein Leben für seine Leidenschaft riskierte. Vom Dschungel überwuchert, verbergen sie ihr Schicksal vor dem Licht. Bisweilen muss ich an die angsterfüllten Blicke der zurückgebliebenen Eingeborenen denken. Sollte hierin die Ursache ihres plötzlichen Zurückweichens zu suchen sein, ich werde es wohl nie erfahren. Die Natur nimmt und gibt. Es wird stets Sieger und Besiegte geben und der Schwächere weicht dem Starken.

Nun zähle ich die Wochen nicht mehr. Ich lebe wie ein Anderer und begrüße die Einsamkeit, die meine Tage und Nächte durchstreift. Bisweilen erhellt ein Lichtquell mein tappen im Dunkeln. Sie kommen zu mir, meine geliebten Insekten. Es sind fast ausschließlich Ameisen, sie ziehen durch meine Träume in riesigen Scharen. Ja, es müssen Träume sein, denn diese Tiere nehmen eigentümlich menschliche Gestalten an. Sie hinterlassen den Eindruck einer gefährlichen Macht, einer Stärke, die mich zwingt, sie als Ganzes, als Individuum zu sehen.

Meine beiden Eingeborenen haben sich zur Ruhe begeben. Unter ihren Moskitonetzen wirken sie wie eingesponnene Kokons, riesige Larven, die mit der Natur eins zu sein scheinen. Es ist eine Nacht voller Magie und Träume. Ich muss sie sprechen lassen, meine Insekten.

Ich erkenne sie genau, ganz nah treten sie an mein Lager, starren mich an, stumm und anklagend. Eigentlich sehen sie gar nicht aus wie Insekten. Sie ähneln Menschen und ich werde eine andere Bezeichnung für sie finden. Ihre äußere Gestalt wirkt sehr hässlich auf mich, wenngleich sich auch hinter Hässlichkeit meist noch irgendeine Schönheit verbirgt, nur kann ich sie jetzt nicht erkennen. Jedes Wort scheint mir zu schmeichelhaft. Womit sollte man etwas benennen, wenn es wie das Ende aussieht. Was wird aus dem Wort Ende, wenn ich die Buchstaben vertausche. Setze ich den zweiten Buchstaben an den Schluss, wird Eden daraus. Bringe ich das „d“ an die Stelle des „n“ und das „n“ zuletzt wird wieder Eden daraus.

Alles Übrige ergibt keinen Sinn. Folgt am Ende wirklich das Paradies, der Garten Eden. Liegt darin der Sinn der Schönheit, welche sich im Hässlichen verbirgt. Nein, ich will kein Mensch sein, der sich in Mysterien verliert. Wenn es das Paradies gibt, so ist es hier auf der Erde zu suchen. Wenn nicht, dann haben wir Menschen selbst uns diese Chance zerstört.

Seit einer Woche ist nun Burke zurück. Seine Nähe empfinde ich als Wohltat, denn sie gibt meiner Gedankenwelt eine gewisse Ordnung zurück. Gemeinsam unternehmen wir kleine Ausflüge in die Umgebung, belauschen nachts den Jaguar, den Herrscher des südamerikanischen Urwalds und all die anderen kleinen Räuber, die Wieselkatzen, den schönen Marguay, auch die seltene Zwergtigerkatze und die scheue Pampaskatze, hell und dunkel gefärbt, in ihrer Mondscheintarnung. Wir verfolgen den lautlosen Schlag der verschiedenen Flattertiere und den majestätischen Uhu, der sein Revier durchstreift. Wir stören die große Abgottschlange beim Verschlingen ihrer Beute und sehen das Opossum durch die Zweige huschen.

Tagsüber begleitet uns das Gezwitscher verschiedenster Vogelarten. Burke ist morgens oft schon unterwegs, bevor ich erwache. Seit Tagen versucht er, den großen Cuvier-Tukan bei seinem morgendlichen Ruf zu finden und zu filmen. Heute hatte er Glück, zum Greifen nah brach der Tukan vor ihm aus dem Gebüsch.

Es verschlug uns in das Herzstück Brasiliens. Matto Grosso, dichter Wald, so nennt man diese zauberhafte Gegend verschiedenster Lebensräume. Es gibt hier Grassteppe, endlose Sümpfe, trockene Baum- und Strauchsteppen, sowie den tropischen Regenwald. Sofort entzückt bin ich von den riesigen Termitenhügeln, die wie Obelisken in den Himmel ragen. Ein Gemisch aus Sand und Speichel der Termiten macht sie fast so hart wie Beton.

Wir konnten in einem kleinen Eingeborenendorf Unterkunft finden. Hier leben die Menschen in armseligen Holzhütten nur mit dem Nötigsten. Noch misstrauisch, aber nicht unfreundlich, werden Burke und ich beäugt.

Unsere beiden Träger finden schnell Kontakt zu diesem Volk. Die Trockenheit erreichte ihren Höhepunkt und der Boden ist hart und gerissen.

Fast täglich kann die große Regenzeit hereinbrechen und das Land in üppige Vegetation tauchen. Unser Standort befindet sich unweit des Pantanals, im Südwesten des Mato Grosso.

Der Regen lässt auf sich warten und wir können noch immer nicht aufatmen. Viele neue Eindrücke beschäftigten mich, hielten mich vom Schreiben ab. Ich gewann neue Erkenntnisse. Zu sehr von der Massenherrschaft der Wanderameise in Anspruch genommen, ließ ich etwas wesentlich Interessanteres außer

Acht. Wie viel näher stehen doch noch die Termiten meinem Alptraum von der Zukunft.

Es ist unfassbar, diese Insekten bilden eine solche Einheit, dass man sie nur als einen Körper sehen kann. Zerstört man die Zelle ihrer Königin sind sie nicht mehr lebensfähig.

Es ist, als ob man einem Menschen das Gehirn herausschneiden würde. Sie sind ein lebender, blinder Klumpen, eine Masse, ein Leib, an dem jedes Glied eine Funktion ausübt. Verhalten sich diese Wesen nicht wie die Zukunftsvisionen meiner Vorstellung von einer neuen Welt.

<Der Himmel hat Strände, wo man dem gegenwärtigen Leben ausweicht, und es gibt Körper, die in der Morgenröte nicht wieder erscheinen dürfen.> F.G. Lorca, Ode an Walt Whitman.

Unbeschreiblich ist der Zauber des Lebens, wenn man es liebt. Die Schönheit der Tage, die Verwirrung der Nächte, der Schwindel des Rausches und der Lust.

Unfassbar scheint das Glück zu erwachen, so viel Zeit vor sich zu haben, eine ganz unendlich lange Zeit. Und doch lässt mich der Schlaf Nacht für Nacht auf den Kissen erstarren. Wie hasse ich manchmal das Leben und sein Räderwerk. Vielleicht muss man es im Grunde verachten, um es in all seinen Erscheinungsformen zu lieben.

<Die Stadt der Giganten, Greifer, Arbeiter und Fruchtbaren.>

Meine „Termiten“ werden von mir in vier Gruppen aufgeteilt. Es ist der sorgfältigen Aufzucht gelungen, ganz unterschiedliche, von nun an mit Augen versehene und ihrem Zweck untergeordnete Typen herauszubilden. In einer Hautfarbe von gelblichem Ton gibt es nur eine Rasse. Wir befinden uns in einer Welt in der jeglicher Körper nur noch zweckdienlich zu sein scheint.

Die Giganten sind von kräftiger Gestalt mit einer imponierenden Größe und überragen bei weitem ihre Artgenossen. Da sie dem kleinsten Verschleiß unterliegen, erreichen sie das höchste Alter. Mit ihren hervorstechenden Merkmalen, den vor dem Kopf stehende Augen und den Augäpfeln von klarem, bläulichem Weiss mit stechend schwarzen Pupillen ausgerüstet, nenne ich sie, als Hüter der Ordnung, Soldaten. Die ausgeprägte Muskulatur ihres Körpers lässt sie überstark wirken.

Einen großen körperlichen Gegensatz zu ihnen bilden die Greifer. Sie laufen auf Beinen, die man schon überaus hässlich finden muss. Ihre Form erinnert an Stümpfe, die in Elefantenfüßen enden. Mit diesen runden Stempeln drücken sie fest in das Erdreich hinein und jeder ihrer Schritte scheint schwer und überlegt zu sein. Sie werden nach ihrem Eintritt in das Leben an einen Platz verwiesen, den sie nur sehr selten verlassen. Ihren Namen tragen die Greifer zu Recht, denn sie besitzen überstarke, lange Arme. Auf einem kurzen Hals sitzt ein kleiner kahler Kopf mit leblos wirkenden Gesichtszügen. Vollkommen ausdruckslos verschleiert zeigen sie sich mit kleinen eng zusammenliegenden Augen. Mund, Nase und Ohren sind kaum auffällig. Bei ihnen finde ich einen ausgeprägten Tastsinn. Ihren flinken Händen entgleitet kein Gegenstand, sei er auch noch so schwierig zu fassen. Die dritte Gruppe dieses Volkes ist von großer Beweglichkeit und zeichnet sich aus durch stark sehnige, schlanke Körper. Es sind die nimmermüden Arbeiter. Wie die Giganten und Greifer treten auch sie unfruchtbar, ohne Geschlechtsmerkmale in ihr Dasein. Sie übernehmen, groß an der Zahl, jegliche Arbeit. Ihre Gestalt unterscheidet sich nicht wesentlich von ihren Artgenossen, sie sind aber etwas größer als die Greifer.

Rastlos ist der Blick ihrer kleinen Augen. Mund und Nasenflügel bewegen sich ständig. Mit ihren nackten Schädeln wirken sie sogar etwas lustig, denn beiderseits davon sitzen große, leicht abstehende Fühler, welche auf ein ausgezeichnetes Tastvermögen schließen lassen. Erwähne ich nun die Fruchtbaren, so gibt es stets nur ein weibliches und ein männliches Wesen. Dieses Paar dient seinem Volk während einer Zuchtperiode von einigen Jahren.

In dieser Zeit entstehen unzählige verschiedene Klassen, die nach ihrer Geburt voll arbeitsfähig sind und instinktiv ihren Arbeitsbereich erkennen. Ihre vollständigen Körpermaße erreichen sie in kurzer Zeit.

Dies scheint verständlicher, wenn man sich die riesige Gestalt der fruchtbaren Königin vor Augen führt. Ihr Leib bildet im Laufe der Jahre eine große Behausung für die heran schlüpfenden Ungetüme, mit für mich irgendwie menschenähnlichem Aussehen.

Nach einer vorbestimmten Zeit ist die Kraft des fruchtbaren Paares verbraucht und der Platz wird für die mittlerweile herangereiften Nachfolger frei. Denn diese Beiden benötigen als einzige mehrere Jahre, um zu ihrer vollen geschlechtlichen Entwicklung zu gelangen.

Es sind sicher nur Träume, die mir diese kahlköpfigen Wesen zum Greifen nahe herantragen. Aber wer kann mir das mit Bestimmtheit sagen.

Im Dorf der Eingeborenen des Pantanal.

Ich fühle mich wieder fiebrig. Ständig plagen mich die gleichen Krankheitssymptome. Mein Kopf ist wie von einem eisernen Ring umschlossen, dessen feste Verschraubung sich eng und enger zusammenschließt. Eine vertraute Schmerzempfindung, die mich nicht mehr allzu sehr quälen würde, verbänden sich mit ihr nicht immer neue Varianten des seelischen Leidens. Den Indianern traue ich nicht.

Gestern schickten sie mir ihren Medizinmann.
Er betastete meinen Kopf mit seinem Fetisch und murmelte dabei allerlei Unverständliches. Später sandte er mir durch einen Boten ein Gebräu, von dem ich zuerst nicht trinken wollte.

Ich deutete dem Eingeborenen an, er solle gehen, jedoch stand er stumm am Eingang meiner Hütte.

Was sollte ich beginnen, ich trank das Zeug also, da ich Feindseligkeiten aus dem Weg gehen wollte. Wohltuende Wärme breitete sich in meinem Innern aus und ich nahm wenig später nur noch die Umrisse meiner Umgebung wahr.

Die Lider wurden mir schwer, ich versank in einen tiefen, bewusstlosen Schlaf.

In dieser Weltentrücktheit, dem gar nicht mehr Vorhandensein, jagte mich ein seltsam klarer, aus dem Nichts hervortauchender Traum.

Mein "Termitenhügel" umgab mich. Ich stellte seine Mitte dar. Noch nie zuvor fühlte ich mich diesem Volk, zusammengesetzt aus seltsam perfekt wirkenden Gestalten, so nahe. Ich war der Sand, den sie eifrig mit ihrem Speichel vermischten. Sie bauten wundervolle Gebäude aus mir, türmten mich auf zu einer Mammutstadt. Ich spürte die Berührung ihrer Hände, das Abtasten, das über mich Hinweggleiten ihrer teilnahmslosen Blicke. Ich stellte Materie dar, war nur als solche für sie existent. Achtlos eilten die flinken Arbeiter durch mich hindurch, empfingen Befehle der Giganten und Greifer. Sie höhlten mich aus, räumten fort, um an einer anderen Stelle neu aufzubauen. Anfänglich beobachtete ich ihr Treiben mit Stolz und Genugtuung.

Sie brauchten mein Material, meinen Körper, meinen Geist. Doch bald änderte sich dieses Gefühl, denn ihre Tätigkeit begann mir Schmerzen zu bereiten. Tränen rannen meine Wangen hinunter, bildeten einen salzigen Tümpel, den sie sofort mit mir, dem Sand auffüllten. Sie hörten nicht auf mich zu quälen,
zerrten mich in die Länge und Breite. Meine Nägel krallten sich in etwas Weiches, etwas feuchtes, Blut floss, ich wurde aufgerüttelt und für eine endlose Sekunde in einen leeren Raum geworfen. Mir blieb ein schaler Geschmack im Mund und ich fand mich allmählich wieder im Antlitz meines über mich gebeugten, sorgenvoll dreinschauenden Freundes.

Auf seiner Brust hatte ich Kratzspuren hinterlassen.
Burke gab mir Wasser zu trinken und entfernte wortlos die leere Schale, aus der ich das seltsame Zaubergetränk zu mir genommen hatte. Auch als ich mich wieder besser fühlte, fragte er mich nicht nach dem Geschehenen.

Ich bin ihm dankbar für seine Rücksichtnahme. Er dringt nicht in meinen Kreis und so scheint es das Beste zu sein. Wir sind zu verschieden in unseren Welten, ich habe Scheu, ihn mit meinen seltsamen Erlebnissen vertraut zu machen.

Auch noch ein anderer Grund bewegt mich zur Verschwiegenheit. Einem Marionettenspieler gleich, der die von ihm geschaffenen Puppen liebt, bewache ich eifersüchtig meine Gestalten. Sie sind wie eine Geliebte, schrecklich und schön zugleich. Teilt man das Liebste was man besitzt, selbst mit dem besten Freund?

Ich muss ihn wieder trinken, diesen Saft aus Kräutern. Er war gut, ließ mich schlafen, schlafend wachen, verdunkelte den Tag.

Ich werde krank, wenn sie mich nicht mehr davon trinken lassen. Ich möchte es noch einmal erleben, diese Kraft, die meinen Körper durchströmte, die Nebelwand zerriss.

Ich brauche die Nähe meiner „Termiten“, wenngleich es ihnen auch Freude bereitet, meine Hoffnungen in jähem Schmerz enden zu lassen. Es ist besser durch ihre Gegenwart zu leiden, als sie gar nicht mehr um mich zu haben. So muss ich nun wohl den Hass lieben, mich selbst zuerst verachten, damit sie nicht mehr imstande sind, mich zu verletzen.

Oh, ich muss sehr bedacht sein, listig wie der Fuchs, damit mich niemand an meiner Sucht hindert. Überwinde ich so die Pein, die sie mir zufügen?

Sendet mir eine Botschaft, ihr Wesen, die ihr auch auf dieser Erde lebt. Seht, wie es auf das unschuldige Papier tropft.

Die geschriebenen Worte färben sich rot von meinem Blut. Können wir nicht Brüder werden? Blut hat eine schöne Farbe, es fließt sanft und rein. Kann euch selbst das nicht rühren?

Das Gute verlässt den Körper schnell, wenn man nicht acht darauf gibt. Was tritt an seine Stelle, Eiseskälte, schon der Tod?

Ich schäme mich so sehr. Burke hat nichts anderes als Last mit mir. Jetzt muss er sich nicht nur um meinen kranken Körper kümmern, sondern auch noch meinen mürben Geist ermutigen.

In einer Art Euphorie schnitt ich mir die Pulsader am linken Handgelenk auf. Entwirre ich den Knoten meiner Gedanken nicht bald, sehe ich eine Katastrophe hereinbrechen.

Ich würde sie gerne abschütteln, meine teuflischen „Termiten“. Was weiß ich denn schon von ihnen, dass es mich derart zwingt, sie weiter leben zu lassen. Es gibt hunderterlei Möglichkeiten einer Zukunft. Gerade dieser sollte man Bedeutung beimessen. Stehen wir Menschen einmal an einem derartigen Nullpunkt, dass wir nur noch auf diese oder eine andere ähnliche Weise zu leben imstande sind, scheint es mir besser zu sein, wir bereiten diesem monotonen Dasein von uns aus ein Ende. Aber darin liegt ja der Haken, wir merken sie nicht, die heranschleichende Gefühllosigkeit, die Brutalität, uns zur Gewohnheit werdend.

Der natürliche Ursprung wird uns weiterhin verloren gehen. Sehe ich meine „Termiten" auch nur schemenhaft, leite ich ihre äußere Gestaltung von Normen ab, die mein Gehirn kennt, so mag es sein, dass ihre Körper auch ganz anders aussehen könnten. Ich beschreibe sie jedenfalls, wie ich sie in meinen Träumen sehe und schon beim Erwachen empfinde ich die Verblichenheit meines Bildes.

Ihre Lebensart erinnert mich an die der Insekten, von denen sie ihren Namen tragen. Ich finde ihre Körper einmal schön, ein andermal hässlich. Sie funktionieren wie eine perfekt gebaute Maschine mit einem unbestechlichen Denkzentrum. Sie schlafen nicht, sie essen nicht, jedenfalls sah ich sie nie etwas Derartiges tun. Für sie gibt es keine anderen Tiere, keine Pflanzen, nur Wasser und Sand. Warum oder wofür sollen sie leben?

Ich sah meine Wesen die kompliziertesten Gegenstände halten und transportieren, aber was hielten sie denn wirklich in ihren kräftigen Händen. War es vielleicht ihr sinnlos gewordenes Leben, das sie eifrig hin und her schleppten. Ist es so beschwerlich, diesem ein Ende zu bereiten, es muss wohl so sein.

Die letzten Überlebenden sind so stark, dass es nichts mehr um sie herum gibt, was imstande wäre, ihre einmalige Perfektion zu zerstören. Es sind die absoluten Götter in ihrem Reich. Ihre Maschinerie läuft, da niemand sie mehr abstellen kann.

Meine Träume kehrten zu mir zurück. Ich fand meine „Termiten" wieder. Sie träumend zu erleben, ist wohl doch nicht so schrecklich, wie es manchmal in der Wirklichkeitsvorstellung scheint.

Sie nahmen mich zwar immer noch nicht in ihren Kreis auf, lehnen mich aber auch nicht ab. Sie schweigen und in ihrer abwartenden Haltung erkenne ich Wohlwollen.

Den Medizinmann Aoke habe ich bestochen. Nun scheint er voller Eifer zu sein, mir zu gefallen. Fast täglich bringt er mir eine Schale seines geheimnisvollen Saftes.

Burke sehe ich nur am Abend, wenn er erschöpft von seinen Streifzügen in das Lager zurückkehrt.

Tagsüber allein, kann ich nun mit Hilfe des wunderbaren Getränkes klar denken. Es nimmt den Schmerz, senkt das Fieber und schenkt mir in seiner sinnenbelebenden Eigenschaft Leichtigkeit und Ruhe. Ich bin nur dann zufrieden, wenn ich bei meinen „Termiten" sein darf. Ich mag sie nun wieder und durfte in die Augen der Giganten hineinsehen. Sie sind wachsam und von großer physischer Kraft.

Sie vermögen mich zu durchschauen, und ich wünsche mir die Stärke eines solchen Blickes. Auch übt die ungeheuer große Ausstrahlung der Fruchtbaren eine seltsame Anziehungskraft auf mich aus. Doch was sind Worte gegenüber dem, was ich unter den Termiten erlebte. Wie von Schwingen getragen, schwebte ich durch ihre Mammutstadt. Da sie mich duldeten, wurde ich nicht daran gehindert. Mein Instinkt trug mich zum Trakt der Fruchtbaren. Diesem entströmte ein schwerer Geruch von Süße und Strenge, betäubend in seiner Wirkung. Ich gewöhnte meine Augen an die wohltuende Dämmerung. Hier begegnete mir eine Weichheit der Räumlichkeit, die ich unmöglich beschreiben kann. Es war, als ob ich auf wärmenden Wolken dahinzöge. Der sich im Dunst stetig verändernde Raum, war von angenehmer Feuchte und Wärme. Die mit wilder Männlichkeit vermischte Weiblichkeit raubte mir in betörender Weise den Atem. Ich sah die Gebärende, groß und von Fruchtbarkeit geschwollen war ihr Leib. Sie bestand aus nichts anderem, was erwähnenswert gewesen wäre. Ich spürte körperlich, dass hier der Inbegriff des Werdens seinen Ausdruck fand. Rhythmisch zuckend bewegte sie ihren Leib in absoluter Stille.

Einem düsteren Schatten gleich, erkannte ich auch die männliche Gestalt. Kraft und starke Leidenschaft umgaben ihn. Unentwegt betastete der Fruchtbare mit seinen Händen die weiß schimmernd Daliegende, bedeckte ihren zum Bersten gespannten Körper. Eine Geburt stand bevor.

In übermächtigem Sehnen krampfte sich mein Herz zusammen. Es übertrug sich nicht die Spannung dieses Augenblickes, sondern ein ganz anderes Gefühl. Eine schmerzhafte Empfindung, von den Lenden aufsteigend, riss mich aus meinem Traum und verließ mich nur schwer.

Ich will versuchen auf das Erlebte genauer einzugehen.
Ein großes Geheimnis lag über diesem, in Dämmerung versunkenen Raum.

Eine starke sexuelle Macht, ausgehend von Königin und König bannte meine Sinne. Diese Macht ist es, welche die Gehirne der Roboter beeinflusst und leitet. Sie teilt sich auf in eine Geistige und eine Sexuelle. Die Fruchtbaren sind das Zentrum der Maschinerie. Von ihrer Funktion leitet sich das übrige Leben ab, ist nur existent im Vorhandensein dieser beiden.

Die Körper dieser Wesen zu beschreiben, ist mir fast nicht möglich, da ich nur ihre Ausstrahlung fühle. Auch empfindet man die Schönheit nur im Zusammenhang mit der Hässlichkeit. Was sie auch waren, sie lösten in mir ein vorher nie gekanntes Gefühl aus. So wenig ich die äußere Erscheinung der Fruchtbaren zu erklären vermag, scheint es mir ebenfalls schwer, ihre geistige und körperliche Ausstrahlung zu begreifen. Dieses weibliche Wesen wollte ich besitzen, mich vereinigen, mit diesem schönen, vielleicht aber auch hässlichen Körper. Es gab hier kein Gesicht, keine verführerische Maske, die imstande war, mich zu betrügen. Erinnerung an eine gescheiterte Ehe? Ich will hoffen, dass dieser Abschnitt meines Lebens endlich aus meinem Gedächtnis verschwindet.

Das vorbestimmte Antlitz eines Menschen kann schon im Anfang seines Lebens die besten Hoffnungen in ihm zerstören.

Ist es unschön anzusehen, wird man sich von ihm zurückziehen.

Schon in früher Jugend begann ich mein Gesicht zu hassen, denn es war von Anbeginn alt und zerfurcht. Ich dachte und fühlte gut, wollte lieben und trotzdem meiner Unansehnlichkeit Vertrauen schenken.

Aber ich konnte mich nicht ausdrücken, nicht charmant sein, nicht schmelzend und überzeugend wirken. Nun, wem es nicht gelingt, sich stark auf einen anderen zu übertragen, der bleibt wohl besser allein. Darin lag mein Fehler, damals wollte ich nicht allein bleiben.

Ich dachte für kurze Zeit, ich sei schön geworden, denn ich spiegelte mich in der Schönheit einer Frau, durfte leben.

Mein unschönes Gesicht fand mich sehr bald wieder, heftete sich an meine Gestalt. Es war gut so, denn es ersparte mir später jede weitere Enttäuschung. Ich gestattete dem Seelenfraß, sich ruhig weiterhin in meinen Gesichtszügen auszubreiten. Was einzig zählt, sind meine jetzigen Erlebnisse, die Erkenntnis, noch immer starker Emotionen fähig zu sein. Ich liebe meine seltsamen Geschöpfe, versuche ihnen Leben einzuhauchen. Vielleicht betrüge ich mich dabei selbst ein wenig, denn ich weiß, dass sie niemals lebensfähig werden dürfen. Wie langweilig wäre das Dasein, gäbe es nicht diese wundervollen Stunden des Erlebens. Da meine Träume zu verblassen scheinen, gab mir Aoke ein stärkeres Mittel. Nun stürzt es über mich herein, wie die nicht aufzuhaltende Kraft eines Vulkans.

Ich darf eigentlich nicht so zufrieden schreiben, denn es ist etwas Schlimmes geschehen.

Ich ging hinaus an das Ufer eines Tümpels, ein Stück Wurzel kauend, die Aoke mir schenkte. Während ich mich am Rand der Sumpflache niederließ, spürte ich bereits die eintretende Wirkung des Rauschmittels. Ich versank in tiefe Nebel der Verzückung und sah die Termiten in großer Anzahl umher eilen. Meine anfängliche Freude schlug jedoch um, als ich Genaueres wahrnahm.

Ich sah die schreckliche Verwüstung ihrer Stadt und eilte hinzu, um zu helfen. Doch was konnte ich tun, in der großen Masse fast erstickend, trafen mich harte Schläge von allen Seiten.

Fremde Wesen hatten sie überfallen. Ich zerriss meine Kleider und zückte ein Buschmesser. In blinder Wut stach ich auf die Unbekannten ein, jedoch erkannte ich jedes Mal zu spät, dass ich nur eigene Leute traf.

Ich hörte Schreie, vielleicht waren es meine Verzweiflungsrufe. Überall trat ich in Blut, rutschte aus und raffte mich aufs Neue empor. Unmengen von Greifern, Arbeitern und Giganten fielen durch meine Hand.

Ich musste auf der Stelle mit dem Morden aufhören, wollte ich sie nicht alle umbringen. Immer noch hörte ich das metallene Klingen gleißender Panzer, sah sie vor meinen Augen tanzen, spürte die drohende Gefahr ihres Zugriffs. Noch einmal stach ich zu. Endlich stieß ich auf einen greifbaren Widerstand. Ich drang in etwas Weiches. Warm rann es über meine Finger.

Totenstille umgab mich, ein Nichts bis zur Wirklichkeit.

Warum waren meine Kleider zerfetzt. In der Hand hielt ich ein Messer, es fühlte sich klebrig an. Entsetzten lag in den Augen der Indianer, die mich umringten. Ich erschrak, denn ich sah Hass in ihren Blicken aufflackern.

Dann entdeckte ich den jungen Indio, der bäuchlings ausgestreckt neben mir lag. An seiner Seite blinkte die Klinge einer Machete. Mein Blick glitt zurück, blieb an seinem Rücken haften. Ich sah die klaffende Wunde, auch wieder die erstarrten Blicke der Eingeborenen.

Aoke löste sich aus dem Halbkreis und beugte sich über den Verwundeten. Hatte ich ihn letztlich getötet? Unerträgliche Sekunden folgten für mich, noch unterstützt von einem Ekelgefühl und der Schlaffheit meiner Gliedmaßen. Von Übelkeit gewürgt, wagte ich es nicht, mich zu bewegen.

Dann hob Aoke die Hand empor. Es hieß, der junge Indio lebt. Man schenkte also auch mir das Leben zurück. Eine bange Woche des Wartens folgte, in welcher Burke und ich nichts zu lachen hatten. Jeden Augenblick konnte uns die Todesnachricht erreichen. Aber sie behandelten den Verletzten mit Hilfe ihrer Kräuter. Erst als er genesen war, betrat Aoke meine Hütte. Ich musste mich einiger entzaubernder Riten unterwerfen, wiederum etwas trinken, wonach ich mich seltsam klar fühlte.

Ich will mich nun nicht mehr betäuben, denn ich habe es Burke fest versprochen. Seltsam ist nur, dass mich das Geschehene so wenig berührt. Ich darf zu niemandem davon sprechen.

Seit diesem Zwischenfall nahm ich kein Rauschgift mehr. Ich werde es schon schaffen, darüber hinweg zu kommen. Schlimm ist nur, dass ich nichts mehr von meinen Termiten sehe. Was waren das denn für Eindringlinge, die ich sofort als Feinde erkannte. Es blinkte und glänzte vor meinen Augen, tanzte auf und nieder und ich musste mich doch wehren. Ich denke manchmal, nicht nur die Macheten der Indios lieferten mir ein grausames Spiel. Warum gaben sie mir Rauschmittel in immer stärkeren Dosen. Ich werde Burke nichts davon sagen. Zu sehr beschäftigt mich selbst der Gedanke dieses hinterlistigen Planes. Wenn sie ihren Spaß mit mir hatten, so wäre es bald schlimm für sie ausgegangen. Ich hätte beweisen können, dass mich keine Schuld traf. Ich werde die Wahrheit darüber nie erfahren, denn verschlossen sind die Gesichter der Eingeborenen.

Der Regen brachte viel Frische und ich fühle mich von meiner Sucht geheilt. Immer seltener denke ich an meine Termiten. Ich befasse mich nun mehr mit dem Studium der echten Spezies. Mit dem Einbruch des Regens kam Leben in das Dorf. Gestern feierten die Indianer einen besonderen Tag. Sie erlegten im frühen Morgengrauen einen Puma.

Er hatte den Sohn ihres Häuptlings gerissen und wurde von diesem Augenblick an verfolgt.

Ich bin mir nicht einmal sicher, ob sie wirklich das gleiche Tier trafen und ich vermute, dass sie es auch nicht genau wussten. Trotzdem erfasste sie ein wahrer Freudentaumel. Mit den Läufen an Stöcken aufgebunden, trugen die stolzen Jäger ihre Jagdbeute durch das Dorf.

Aus jeder der armseligen Hütten kamen scheue Blicke der Bewunderung. Alsdann löste sich die Spannung und die Frauen bereiteten laut schwatzend den Mate, ein Getränk aus der Stechpalme. Es herrschte eitles Treiben. Sie schmückten sich alle mit äußerst phantasievollem Zierrat, bestehend aus bunten Federn, Muscheln, Knochen, Tierzähnen und Fellen. Ihre Körper, klein und sehnig, bemalten sie mit den leuchtenden Farben der Pflanzensäfte. Als sie sich genügend vorbereitet hatten, versammelten sie sich auf dem Platz in der Mitte ihres Dorfes und zündeten ein Feuer für ihr Opfer, den Puma, an. Stundenlang tanzten sie, bis sie in einen wahren Rausch gerieten.

In der Hand eine Schale Mate haltend, wurden wir, Burke und ich, von ihrem aufwühlenden Rhythmus mitgerissen. Heißer Atem flog uns zu in dieser Vollmondnacht. Das hoch aufflackernde Feuer bildete die Mitte der zuckenden Leiber. Der Wind trug uns, die etwas abseits standen, den Schweißgeruch, vermischt mit dem Duft verbrannter Hölzer, zu.

In stiller Bewunderung beobachteten wir das rege Treiben. Im Taumel ihrer Tänze hatten sie uns vergessen. Es war etwas Großes, Geheimnisvolles um sie. Ganz im Einklang mit ihrer Natur mussten sie uns als Eindringlinge empfinden. Es schmerzte mich, dass ich niemals hierher gehören würde.

Burke ging es wohl auch nicht viel anders. An einen Baum gelehnt, sann er vor sich hin. An dem Ausdruck seiner Augen, die feucht in der Dunkelheit glänzten, konnte ich erkennen, dass ihn Traurigkeit überfallen hatte.

Ich trat zu ihm hin und fasste seine Hand, die auch meine suchte. Waren wir nach dieser Nacht voller Eintracht noch die Gleichen? Unsere Hände blieben eine lange Zeit ineinander verschlungen, und es kam zum ersten Mal der Wunsch in mir auf, mit ihm zu reden.

Es sprudelte nur so aus mir heraus. Ich erzählte ihm alles ohne Verschleierung irgendeiner Tatsache. Die Mauer, die unsere unterschiedlichen Charaktere trennte, brach entzwei.

Ich musste ihm versprechen, mich von nun an mehr zu schonen und zu versuchen, meine zermürbenden Gedanken in klarere Bahnen zu lenken.

Nach diesem Gespräch fühlte ich mich erleichtert und spürte neue Kraft in mir aufsteigen. Als ich mich jedoch später allein in meiner Hütte wiederfand, umgaben mich erneut dunkle Gedanken. Ich lag lange wach und wartete darauf, dass die Angst vom Schlaf besiegt würde.

Man trachtet nach unserem Leben. Burke ahnt noch nichts davon. Ich spüre das Herannahen dunkler Gewitterwolken. Es sind andere, nicht die, uns vor einigen Tagen noch den erlösenden Regen bringend. Etwas Drohendes kommt auf uns zu, wird uns vernichten. Sollte ich unter Verfolgungswahn leiden. Es wäre wirklich besser, wir verließen noch heute dieses Dorf. Warum spüren die Eingeborenen nichts von der Gefahr. Sehen sie nicht auch die unheilverkündenden Schatten, die aus allen Himmelsrichtungen über uns hereinziehen, ich verstehe sie alle nicht mehr.

Das Furchtbare ereignete sich. Burke ist tot. Ich konnte ihn nicht vor diesem jähen Ende bewahren. Ich hörte den dumpfen Aufschlag einstürzenden Holzes. So schnell ich es nur schaffte, eilte ich zu seiner Hütte und stand vor einem Trümmerberg. Ich kam zu spät. Mich peinigen Schuldgefühle und bitterste Vorwürfe.

Termiten überfielen sein Haus während er schlief, fraßen sich in Windeseile durch Dach und Wände. Noch mehrere Hütten stürzten ein, ich hörte die verängstigten und teilweise auch verletzten Indios laut schreien. Zuerst dachte ich, es seien Wahnvorstellungen, Trugbilder, schlechte Träume, doch begriff ich sehr bald die Realität dieser Situation. Ich zerrte meinen erschlagenen Freund aus dem heraus, was die gefräßigen Termiten übrig gelassen hatten. Dann setzte ich mich zu ihm, darauf lauernd, dass aus den Trümmern irgendein rettender Halt für mich erwachsen würde. Der Boden zu meinen Füssen wimmelte von Termiten, die in höchster Eile ihrer Tätigkeit, der Partnersuche nachgingen. Ich starrte auf die Zartheit bereits abgeworfener Flügelpaare und wünschte mir den Tod herbei. Niemals in meinem Leben fühlte ich mich so überflüssig, so nutzlos.

Nun krabbelten sie davon, die Weibchen mit lockend erhobenem Hinterteil, die Männchen nicht minder erregt. Irgendwo würden sich die Partner finden, sich vereinigen und mit dem Nestbau beginnen. Sie hatten ihr neues erfülltes Leben.

Auch ich muss einen neuen Anfang suchen, aus dem Dunkel hervortauchen, gleich den Termiten. Was nutzen die Vorwürfe, die Selbstbeschuldigungen, sie retten meinen Freund nicht mehr. Auch trifft mich im wahren Sinne keine Schuld. Ich ahnte zwar das Unheil, sah die sich in feuchte Luft aus dem Erdreich erhebenden Insektenschwärme, doch konnte ich nicht wissen, dass gerade Burke zu ihrem Opfer werden sollte.

Meine Hütte blieb unversehrt, und ich weiß nicht warum. Gerade mich zu verschonen ist Ironie, denn ich hänge wirklich nicht an meinem Leben.

Für Burke gab es das Paradies auf Erden. Mit jedem neu erwachenden Tag entdeckte er ein Stück davon. Ich hingegen bleibe der unrastig Suchende, der Unglückliche, dem sich der Garten Eden einfach nicht erschließen will.

Ich flog mit dem gleichen Flugzeug, das die Leiche meines Freundes Burke nach England überführte, zurück.

Es ist Anfang Mai und ich kann mich sehr schlecht an die Rauheit des Klimas meiner Heimat Cornwall gewöhnen.

Kalt hebt sich das Gemäuer unseres ländlichen Besitzes gegen den Horizont ab. Die hohen Fenster an der Westseite gestatten einen weiten Blick auf das Meer.

Bei klarer Sicht kann ich von hier aus die Umrisse St. Michaels Mount, eines wunderschönen, auf einer Insel gelegenen Adelssitzes erkennen. In früher Zeit einmal ein Kloster, baute man es später zu einem Wohngebäude um.

Auf felsiger Anhöhe liegend, ist es bei Flut vom Festland abgeschnitten und liegt eigentlich nur bedingt auf einer Insel, denn zweimal innerhalb vierundzwanzig Stunden, zieht sich das Wasser von der Nordseite zurück. Es tritt ein Damm hervor, auf dem man zum Festland gelangt. Seit über dreihundert Jahren gehört dieses Schloss der Familie Stäuben. Überraschend ist die Vegetation dieser Insel um diese Jahreszeit. Halbtropisch, in üppiger Farbenpracht, bietet sie ihre Reize an. Wie ein symmetrischer Kegel geformt, mit einem Umfang von anderthalb Kilometern, ragt sie majestätisch in den Himmel.

Schon in meiner Jugend und auch später, liebte ich die einsamen Spaziergänge über den Damm zur Insel.

Es gab auch eine Zeit, in der ich diesen Ort mied. Durch Eileen wurde er mir zum Feind, denn sein kleiner verträumter Hafen beherbergte oft Eileens Segelboot. Nicht selten wurden die Pflanzen etwas oberhalb des hellen Strandes von ihren zierlichen Füssen zertreten. Sie gab nie acht, schien sich geradezu verpflichtet, alles Zarte, Empfindsame zu zerstören. Sie hasste jegliches, was mir Freude bereitete. Ihrem entwürdigenden Spiel zuzuschauen, überließ ich sehr bald Dümmeren.

Wie vieles andere auch, gibt es Eileen in meiner Welt nicht mehr. Diese Tatsache wurde mir bewusst, als ich jetzt mein solides Landhaus, von meinem Großvater erbaut, betrat. Ihre Spuren sind endgültig für mich verwischt. Ich kann nun wieder hier wohnen und ein wenig Frieden finden.

Elizabeths Country-House, welch zärtliche Worte, wenn ich mich ihrer Bedeutung erinnere. Meine Großeltern hatten eine Tochter, meine Mutter, nach ihr benannten sie den Besitz.

So soll es bleiben und nur daran, an die schöne Zeit mit meinen Eltern in diesem Haus, möchte ich denken. Ein Hausverwalterehepaar, das schon meinen Eltern diente, ist weiterhin bereit, für mich zu sorgen.

Aus Brasilien brachte ich etwas mit. Eine Erinnerung, die mich schmerzt und auch wieder hoffen lässt. Es ist ein unansehnlicher Klumpen Erde. Er beherbergt zwei Insassen, ein Termitenpaar. Dieses beiden blieben mir, stiegen aus den Trümmern heraus, gaben mir die Gewissheit, dass ich weiterleben sollte.

Im ersten Zorn über Burkes Tod wollte ich alle Insekten zertreten, jedoch sah ich sehr schnell keinen Sinn darin.

Etwa eine Stunde wartete ich, bis sie sich im Erdreich zu meinen Füssen festgesetzt hatten. Dann erst holte ich einen Spaten und stach den weichen Boden um sie herum aus.

Ein luftdurchlässiger Behälter schien mir gut genug, sie während der Reise darin zu beherbergen. Dann hoffte ich inständig, dass sie zum Überleben stark wären.

Nun wohnen sie in einem großen Terrarium in meinem Labor, das ich bis zur Hälfte mit Schichten aus Sand und Erde anfüllte. Ab und zu werde ich sie mit Regenwasser versorgen, damit sie genug Feuchtigkeit erhalten. Auch ließ ich ihnen genügend Raum, um sich zur Decke und zu allen Seiten auszubreiten. Die Beheizung passt sich der Temperatur in Brasilien an.

Ich glaube, ich dachte an alles und hoffe, dass sie sich unter solch günstigen Bedingungen gut entwickeln werden.

Das Königspaar verhält sich sehr zutraulich. Als ich den Erdballen mit dem Nest in die neue Umgebung versetzte, kamen beide Termiten für einige Sekunden heraus und betasteten meine Hände mit ihren Fühlern. Ich habe so etwas in freier Natur nie erlebt. Auch kann man in jedem Sachbuch nachlesen, dass ein Königspaar, welches einmal zueinander gefunden hat, sein Nest und seine Dunkelheit nie mehr verlässt. Diese Termiten aber berührten mich mit ihren Fühlern, sie näherten sich sogar in voller Absicht meinen Händen. Als ich jedoch versuchte, den stärker werdenden Leib der Königin zu betasten, stürzte sich ihr Gemahl angriffslustig auf meinen Finger. Diese Reaktion entsprach dem, was ich von Termiten wusste.

Bei einem früheren Versuch legte ich einmal das unterirdische Gemach einer Königin frei. Völlig verwirrt und verzweifelt irrte daraufhin ihr Gemahl herum. Jedoch kehrte er sehr schnell an die Seite seiner Königin zurück. Entschlossen wirkend warf er sich auf ihren riesigen Körper und versuchte, diesen mit aller Kraft seiner mächtigen Glieder zu verteidigen. Die Treue eines Termitenkönigs zu seiner Königin verstärkt sich mit dem Zunehmen ihres Leibesumfanges und ihrer Größe. Vielleicht, wenn sich die Termiten erst einmal richtig in ihrer neuen Umgebung eingelebt haben, werden sie ganz die Scheu vor mir verlieren. Es wird nicht mehr lange dauern, bis die Königin ihre Brut ablegt. Es ist erstaunlich, die aus den Eiern schlüpfenden Lärvchen sind sofort zum Einsatz bereit. Ihr Instinkt weist sie an den rechten Platz, zeigt ihnen an, wozu sie das Leben bestimmt hat. Auch wenn sie wachsen, behält ihr Körper das Stadium einer Larve. Erst körperlich voll entwickelt schlüpfen sie entsprechend ihrer Bestimmung. Die Könige und Königinnen benötigen zum Wachstum ihrer Flügel Monate und es dauert oft Jahre, manchmal gelingt es nie, bis sie einen geeigneten Moment zum Ausfliegen finden. Erst dann dürfen sie von ihren zarten filigranen Flügeln Gebrauch machen und das nur zu einem einzigen Flug in ihrem Leben. Bei der Rückkehr zum Boden und seien es nur wenige Flugmeter, werfen sie ihre Flügel ab. Hat das Weibchen nach der Landung mit Hilfe seines signalisierend erhobenen Hinterteils ein Männchen gefunden, beginnt es in der Nähe mit dem Nestbau. Dort begatten sich Männchen und Weibchen.

In der letzten Zeit vernachlässige ich das Schreiben, aber ich fühle mich nicht einsam. Ich bin erfüllt von Schaffensdrang, angesteckt vom Fleiße meiner Termiten. Sie wachsen und gedeihen. Es scheint eine Sorte zu sein, die viel kräftiger wird als ihre Artgenossen. Auch kommt mir die Färbung ihrer Körper nicht hell, eher leicht bräunlich vor. Sie laufen auf festen fleischigen Beinen und besitzen Kopfformen mit stark ausgearbeiteten Kampf-und Arbeitswerkzeugen. Besonders die Nasuti, die Soldaten, ergeben ein kräftiges Gesamtbild. Mit Zangen, Greifarmen gleich, versperren sie die Einlassöffnungen ihres Baues.

Sie sehen immer noch wie larvenähnliche Gebilde aus und doch erkenne ich deutlich an ihren Körpern neu auftretende Merkmale. Alles ließ sich noch günstiger an, als ich anfangs zu hoffen wagte. In der künstlich geschaffenen Atmosphäre können sie besser gedeihen, als in der rauen, von unzähligen Feinden bedrohten Natur. Hier stellt sich ihnen kein Gegner zum Kampf, auch finden sie beste Nahrung vor. Ich bin ihr Verbündeter, ein Mensch, der sie hegt und pflegt.

Gesten rief mich Dr. James Bayott an. Er sagte, dass er sich in meiner Nähe befände und die Absicht hege, mich in den nächsten Tagen zu besuchen. Ich muss diesen Besuch verhindern, denn ich fürchte die Härte und Eitelkeit dieses Mannes, habe Angst, er könnte mich lächerlich machen. Schon einmal nahm er mir einen Traum, es wird ihm kein zweites Mal gelingen.

Meinen hart erkämpften Frieden, sollte ich besser vor Menschen dieser Art schützen. Ich werde den Termiten von nun an Fleisch zu fressen geben. Warum, es wird sich zeigen. Ich brauche ein kräftiges Heer, damit es mein Haus bewacht und notfalls verteidigt.

Als ich heute früh erwachte, schien es mir, als säße mein toter Freund Burke am Bettrand. Leider war es eine Täuschung.
Mich sammelnd, erkannte ich die so verhassten Gesichtszüge von James Bayott. Wer hatte ihn hereingelassen, es konnte nur meine Haushälterin gewesen sein. Meine innere Unruhe stellte sich bei seinem Anblick sofort wieder ein. Es entsprach seinem Charakter, einen Menschen ohne Umschweife in seiner privatesten Sphäre aufzusuchen. Er liebte stets den Schock, das Unberechenbare. Diese Überraschungsangriffe dienten ihm dazu, seine eigentliche Verklemmtheit zu verbergen.

Auch zog er durch Täuschung nicht vorhandener Gefühle stets die Menschen auf seine Seite, um sie dann skrupellos ausnützen zu können. So kannte ich ihn aus fast vergessener Zeit und so scheint er auch jetzt noch zu sein. Das alles verbirgt sich hinter einer weichen, fast kindlich wirkenden Maske, mit einem leidenschaftlich aufgeworfenen Mund und runden, fast schwarz scheinenden Augen. Man könnte ihn als gutaussehenden Mann bezeichnen, wäre da nicht die leicht beginnende Schwammigkeit von Körper und Gesicht. Ich bin bestimmt nicht dazu ausersehen, die Aura eines Menschen zu erkennen, jedoch kann ich beschwören, mehrmals ein aggressives Rot um seinen Kopf gesehen zu haben.

Diese Empfindung intensivierte sich noch, da sie begleitet wurde von Signalen, hart und gefährlich klingend. Dieser Feind ist stärker als ich und man muss sich gut an ihn erinnern. Viele freundliche Worte strömten an diesem Morgen auf mich ein.

Worte der Sorge um meinen Gesundheitszustand der, wie ich selbst ja wisse, immer labil gewesen sei. Ich brauchte ihm nicht zuzuhören, denn er eignete sich nicht, mein seelisches Gleichgewicht wieder herzustellen.

Ich zog mich an und bat ihn dann in mein Arbeitszimmer. Während wir gemeinsam frühstückten, plauderten wir über Dinge vergangener Jahre. Ja, wir plauderten, denn ich hatte mich wieder so weit gefasst, dass ich ihm ruhig ins Auge schauen konnte. Der Spuk war vorbei! Wir saßen uns gegenüber wie zwei alte Freunde. Auch er hatte Eileen verlassen.

Erneut gab er sich wohl wieder seiner päderastischen Neigung hin. Hätte sie, die Eroberungswütige damals gewusst, wie das Spiel mit einem derartig veranlagten Mann enden würde, wäre sie vielleicht doch bei mir geblieben. Nun, diese Sache ist für mich ausgestanden und soll nicht wieder zum Spielball zwischen Bayott und mir werden.

Er lebt seit längerem mit einem jüngeren Mann zusammen und verbringt im Augenblick hier seinen Urlaub in Cornwall. Den „Knaben" wie er selbst ihn nennt, ließ er in London zurück, da dieser ihm in der letzten Zeit zu lebhaft wurde. Ich hoffe nur, dass ich James nicht zu oft bei mir sehen muss, denn er stört mich bei meiner Arbeit.

Von meinen Termiten erzählte ich ihm nichts. Als er ging, schaute er mich lange schweigend an und sagte dann,

„Lieber C.L., du bist krank, ich glaube, ich muss mich in nächster Zeit ein wenig um dich kümmern."

Man soll es nicht für möglich halten, ihm als Mediziner räumte ich tatsächlich die Gelegenheit ein, mich zu untersuchen. Er ist wie ein Aasgeier hinter seiner Beute her und um des lieben Friedens willen gab ich nach.

Nun meint er, ich könnte an einem Blutgerinnsel im Gehirn leiden, welches sich von Zeit zu Zeit ungünstig verlagert und so meine unerträglichen Kopfschmerzen verursacht. Hundertprozentig ließ sich das natürlich nicht feststellen, da ein solcher Befund genaueste Untersuchungen brauche.

Das zu tun, werde ich mich strikt weigern, denn ich glaube nicht an eine solch Erkrankung. Schlimm ist nur, dass James mich nun nicht mehr aus den Augen lässt. Da er mir jegliche Bewegung untersagte und tatsächlich das Gästezimmer für sich herrichten ließ, um immer um mich zu sein, befinde ich mich in absoluter Untätigkeit. Ich muss zu meinen Termiten. Sie warten auf mich, ich spüre es genau. Niemand außer mir darf das Labor betreten. Den Schlüssel dazu trage ich Tag und Nacht bei mir. Ich werde James unter einem Vorwand fortschicken, dann bringe ich ihnen Futter.

Zum Glück brauche ich mir nichts auszudenken um James fortzuschicken. Er musste dringend nach London. Ich kenne diese „dringenden Angelegenheiten". Es sind die Dinge seines Lebens, die kurzen, aufflammenden Leidenschaften. Jedenfalls hat dieser junge Mann es fertiggebracht, den Lästigen nach London zurückzuholen.

Mir ist es recht und ich kann wieder aufatmen.

Gierige Hölle in die ich schaue. Habe ich meine Termiten geschaffen, damit sie mich erschrecken. Als ich mich der Tür meines Labors näherte, hörte ich eigentümliche Laute. Träumte ich, oder waren das wirklich meine Geschöpfe, deren Töne ich vernahm. Es pochte und toste, wisperte und schrie. Die Luft schien erfüllt von einem hohen Klageton.

Ich öffnete behutsam die Tür, mir stockte der Atem. Eine braune Horde fetter Leiber versuchte in blinder Wut die gläsernen Wände des Terrariums zu zertrümmern.

Sie wollten Fleisch, viel Fleisch, es war das einzige, was sie von mir verlangten. Ob sie mich wohl überfallen und gefressen hätten, wenn uns diese Mauern aus Glas nicht trennen würden. Ich bin fest davon überzeugt, denn als ich sie fütterte, beruhigten sie sich sofort und verschwanden mit dem Rest der Fleischstücke in ihrem Bau, um ihrer gewohnten Tätigkeit nachzugehen.

Es war also nur der Hunger Schuld an ihrem Aufruhr. Meine Haushälterin wird sich wundern, wenn ich ihr den nächsten Einkaufzettel gebe. Ich muss große Mengen Fleisch herbeischaffen, damit ich die vielen Mäuler satt bekomme.

Da sie mich aber sowieso für verschroben hält, wird sie mir in alter Treue sicher das Nötige besorgen, ohne Fragen zu stellen.

Die Termiten wachsen und verlassen immer häufiger ihren Bau. Nur noch träge gehen sie ihrer Arbeit nach, schieben lustlos Erde und Sand vor sich her. Je kräftiger ihre blinden Körper werden, desto langsamer und sinnloser scheint mir ihr Tun.

Ich kann im Augenblick nicht feststellen, ob sie sich überhaupt noch vermehren. Am Ende werden sie sich selbst bekämpfen und gegenseitig auffressen.

Was beginne ich denn auch mit ihnen. Ich versuche ihre Instinkte fehl zu leiten, bringe ihre Ordnung aus dem Gleichgewicht. Letztlich wird das Gesetz der Auslese nur die Kräftigsten überleben lassen.

Ich habe wieder Kopfschmerzen. Es sind die Nerven, ich weiß es genau. James Diagnose muss falsch sein. Er will mir eine Krankheit nur einreden, damit ich abhängiger von ihm werde und mehr auf ihn höre. Warum sonst bestand er nicht noch fester auf eine gründliche Untersuchung, ich bin sicher er treibt ein Spiel mit mir und will mich nur ängstigen.

Als ich heute früh zu den Termiten ging, entdeckte ich einige verendete Tiere. Es waren schwächere Exemplare. Sie boten mir einen grausigen Anblick, ihre Köpfe waren vom Körper abgetrennt. An ihren Rümpfen entdeckte ich Kampfspuren, wie von Erdrosselungen. Also beginnen sie untereinander zu kämpfen. Während ich sie beobachtete, schoss ein Soldat heran, gefolgt von einer kleinen Horde. Sie stürzten sich gemeinsam auf die Überreste der verendeten Insekten und rissen mit ihren Greifzangen Stück für Stück aus deren Leibern heraus, um alles zu verzehren.

Der die Gruppe anführende Nasuti hielt sich bei diesem Schauspiel etwas abseits. Er stand aufgerichtet auf seinen Hinterbeinen und bewachte die Handlungen seiner Artgenossen. Aus Brasilien brachte ich einen Klumpen Erde mit. Er wirkte wie leblos und doch befand sich in seinem Innern reges Leben. Ich kann die Zähigkeit der Natur nur mit größter Achtung bewundern.

Bayott ist zurück. Er tauchte auf ohne Anmeldung und Vorwarnung. Selbstverständlich kam er auch gleich mit seinem gesamten Reisegepäck. Er gab mir keine Erklärung über seine weiteren Ziele und ich fragte ihn nicht danach. Da ich mich stärker fühle als sonst, soll er nur bei mir wohnen.

Gestern Abend sprachen wir sogar über Termiten, es reizte mich, mit ihm dieses Thema anzufangen. Ich berichtete von meiner Brasilienreise und verwickelte ihn in ein Gespräch über Entomologie.

Ich sprach von einer Welt, die vielleicht in tausend Jahren kommen könnte, von Menschen, die ein Ganzes bilden, wie es bei vielen Insektenarten der Fall ist und das dieses vielleicht der einzige Weg zum Überleben sein würde. Ich redete von meinen Beobachtungen an Ameisen und Termiten in freier Natur.

Er argumentierte dagegen. Es entbrannte eine heftige Diskussion zwischen uns.

Spöttisch warf er mir unter anderem an den Kopf, ein ebenso berühmter Kollege wie ich hätte im Urwald entdeckt, dass eine gewisse Sorte großer Termiten sich ausschließlich von Aas ernähre, sogar kleinere Tiere tötete, aber das sei wohl ein

Ammenmärchen. Er habe für derart überspannte Darstellungen kein Verständnis. Es ließe sich natürlich nicht abstreiten, dass sich im Laufe der Jahrhunderte wieder gewisse biologische Veränderungen abzeichnen würden. Über so viel Unkenntnis wunderte ich mich nun wirklich, musste mich sehr beherrschen, sonst hätte ich ihm auf der Stelle meine mordenden, aasfressenden kleinen Ungeheuer vorgeführt.

In der letzten Nacht schlich ich mich in mein Labor. Leider kann ich jetzt nur noch nachts bei meinen Termiten sein, da ich mein Geheimnis noch eine Weile vor James zu hüten gedachte. Ich öffnete die Futterklappe zu ihrem Terrarium und wartete. Tatsächlich kamen nach wenigen Sekunden einige Soldaten herausgekrochen. Sie wirkten zutraulich und ich wollte sie berühren. Doch bekam mir das sehr schlecht. Die kleine Gruppe, der sich in Freiheit befindender Soldaten, stürzte sich augenblicklich auf meine Hand und fügte mir mit ihren scharfen Kiefern tiefe Kratz- und Bisswunden zu. Um sie weiter füttern zu können zog ich mir feste Handschuhe an und spürte selbst noch durch den dicken Stoff ihre weiteren Attacken.

Ich werde es James sagen müssen, dass es Termiten waren, wenn er nachher meine Wunden behandelt. Er muss mir auch eine neue Tetanus-Spritze gegen eventuelle Infektionen setzen. Er wird Augen machen!

Anscheinend habe ich noch länger mit meinen Verletzungen zu kämpfen. James entdeckte bei der Versorgung meiner Hand mehrere tiefsitzende kleine Hornsplitter. Darauf erzählte ich ihm von meinen Termiten. Immer noch verhielt er sich kommentarlos. Verstellt er sich nun, oder schenkte er meinen Worten wirklich keinen Glauben.

Ich weiß es nicht. Jedenfalls packte er die kleinen entfernten Splitterstückchen und wickelte sie sorgfältig in ein Tuch. Er schien nun doch neugierig zu sein. Ich müsste mich sehr täuschen, wenn er dieser Sache nicht weiter auf den Grund geht. Vielleicht wird er bald für kurze Zeit verschwinden.

Brasilien hinterließ trotz seiner schönen unvergesslichen Stunden einen Stachel in mir. Gift schleicht nun durch mein Blut, verdirbt meine Gedanken, erfüllt mich mit Angst und Unsicherheit. Was treibt mich in diese Isolation. Ist es tatsächlich meine Umwelt, oder muss ich die Schuld bei mir selbst suchen?

Im Grunde war ich doch schon als Kind ein Träumer, ein Schlafwandler, gauklerisch in seinem Rausch der Einsamkeit. Nur mir allein zu gehören erfüllte mich mit Stolz.

Daraus schöpfte ich die Kraft, nahm meinen Tatendrang und führte mich selbst zu Leistungen, mit welchen ich meine Altersgenossen oft in den Schatten stellte. War das mein Fehler, konnte meine Umwelt nicht begreifen, dass es nur darum ging, mir selbst etwas zu beweisen. Bis ins Innerste blieb ich auch später ein Einzelgänger, mit der Schwierigkeit, eine Brücke zu anderen Menschen bauen zu können.

James ließ tatsächlich eine Analyse von den Splittern machen, da er Rosendornen vermutete und mich endlich der Lächerlichkeit überführen wollte. Mir Glauben zu schenken, wäre für ihn viel einfacher gewesen. Neugierig geworden, werde ich ihn nun nicht mehr los. So musste ich ihm gestern meine Termiten vorführen und ihn in die bisherigen Geschehnisse einweihen.

Das getan zu haben, gefällt mir nicht. Trotz seiner nicht gespielten Bewunderung, konnte er sich einiger bissiger Bemerkungen nicht enthalten. Alles in Allem besehen, sei ich doch ein ganz schöner Narr, der Natur ins Handwerk pfuschen zu wollen.

Auch fragte er, ob ich mit diesen krankhaften Gebilden allen Ernstes einen Nobelpreis bekommen wolle. Ich wurde schon wieder so klein, dass ich mich selbst gerade noch sprechen hörte. „Es ist doch egal was ein Mensch macht, Hauptsache, er sieht einen Sinn darin." Zwar sehe ich diesen noch nicht, da ich mich erst auf einer langen Suche danach befinde.

Ich scheine zu meinem Pech immer von Menschen umgeben zu sein, die mich absolut nicht verstehen wollen. Die Zusammenarbeit mit James entwickelte sich zu einer Katastrophe.

Ich hätte ihm schon längst die Tür weisen sollen. Aber von einem unscheinbaren Menschen wie mir, lässt sich ein Dr. Bayott nicht so einfach vertreiben. Wenn ich von einer Zusammenarbeit rede, besteht sie hauptsächlich darin, dass ich Vorschriften bekomme und mir allerhand Unfug über eine bessere Haltung der Insekten anhören muss.

Ab und zu holte er sich ein verendetes Exemplar, das er mit viel Genuss sezierte. Ich muss sagen, davon versteht er etwas.

Es gibt sicher keinen Zweiten, der sauberer arbeitet. Nun ja, er als Chirurg, ich hingegen interessiere mich mehr für die lebenden Insekten, freue mich an ihrem Tun und Treiben.

Wir arbeiten fieberhaft, jeder von uns auf seine Weise. James richtete sich in einem Nebenraum ein kleines Labor ein.

Oft zieht er sich zurück, neuerdings schweigend und wie es mir scheint, höchst angespannt. Ich lasse ihn gewähren, wenn ich auch eine gewisse Neugier nicht verhehlen kann. So befrage ich ihn oft nach seiner Tätigkeit während dieser einsamen Stunden. Er weicht mir aus und meint, ich solle mich überraschen lassen. Von einem pharmazeutischen Institut habe er ein neues Mittel erhalten, das in kleiner Dosis verblüffenden Einfluss auf das Wachstum meiner Termiten hätte.

Wenn der Zeitpunkt gekommen sei, würde er mich schon noch hinzuziehen und mir genauste Erklärungen geben. In den letzten Tagen hatte ich eine Menge verendeter Tiere. Ich bin mir nicht sicher, ob ich diese große Sterbeziffer nicht vielleicht seinem Pharmazeutikum zuschreiben soll. Ich befinde mich nun in einer schwierigen Situation.

Einerseits möchte ich ihn nicht mit Vorwürfen belasten, bin andererseits aber in größter Sorge um die Gesundheit meiner Termiten. Irgendwie steckte ich ihn mit meiner Begeisterung an, trotzdem scheint sein Eifer von einer anderen Art zu sein.

Ich muss mich hüten, darf nicht einen Augenblick lang seinen manchmal beißenden Zynismus und seine Hinterhältigkeit vergessen.

Ich will mich beruhigen, noch ist nichts geschehen. Solange ein gesunder Stamm dieser prächtigen Tiere erhalten bleibt, brauche ich mich wohl nicht zu sorgen.

Es ist unfassbar, Wochen der schrecklichsten Erlebnisse liegen hinter mir. Meine Termitenzucht gibt es nicht mehr. Wie sehr ließ ich mich hereinlegen. Insgeheim arbeitete James tatsächlich von Anfang an gegen mich. Von meinen Termiten blieb mir nicht ein einziges Exemplar erhalten. Ihre Kadaver wurden verbrannt. Allerseits war man bemüht, die ganze Angelegenheit im Dunkel zu halten.

Einem einzigen Reporter war es gelungen, eine Notiz in die Zeitung zu bringen, wie folgt.

< Missgebildete Insekten von enormen Körpermaßen wurden noch rechtzeitig an Ihrer Ausbreitung gehindert.>

Ich entschloss mich, mein Geheimnis, dessen Hüter ich nun wieder allein bin, für mich zu behalten. Ich weiß nicht, was bei einer Aufklärung vor Gericht und Presse weiterhin geschehen wäre. Hätte ich anders gehandelt, James nicht aus den Augen gelassen, wäre sein perfides Handeln vielleicht verhindert worden. Während ich alles Erdenkliche versuchte, die Termiten am Leben zu erhalten, schien er sie täglich zu vernichten.

Alle meine Bemühungen waren umsonst, denn die Insekten verendeten mir unter den Händen. Ich starb viele Tode angesichts dieses Elends. Mit ihnen leidend, spürte ich nicht die Gefahr, die schon unmittelbar über uns lauerte. Ich sah nicht das mordende Ungeheuer, das sich unter meine Herde mischte.

Eines Nachts, ich hatte mich bei meinen Leidensgefährten einquartiert, hörte ich Schritte. Da ich vor Erschöpfung in leichten Schlaf gefallen war, musste ich meine Augen erst an die Dunkelheit gewöhnen, bevor ich die menschliche Gestalt erkannte. Es war James, der mich zu dieser Zeit hier nicht vermutete. Er kam ohne Vorsicht heran und beugte sich zur Futteröffnung des Terrariums.

Kurz darauf vernahm ich ein zischendes Geräusch von einer Sprühdose. Ich konnte aber nicht schnell genug aufspringen, um meinen Termiten zu helfen, die nun jämmerlich an dem ausgesprühten Gas ersticken mussten.

Nun wurde mir blitzartig alles klar. James hatte während der ganzen Zeit seines Aufenthaltes in meinem Hause daraufhin gearbeitet, meine Termiten und somit meine ganze Arbeit zu zerstören. Sein anfängliches Interesse musste in dem Augenblick in Neid umgeschlagen sein, als er spürte, dass ich als Laie tatsächlich gute Forschungserfolge zu verzeichnen hatte.

Ich stürzte mich mit meiner ganzen Verzweiflung auf ihn, warf ihn zu Boden und entriss ihm die Sprühdose. Ich sprühte ihm voll ins Gesicht und hörte erst damit auf, als die Dose leer war und meine Kräfte mich verließen.

Als ich wieder zu mir kam, befand ich mich im Krankenhaus. Dort erfuhr ich, dass James Bayott an den Folgen der Gasvergiftung gestorben war. Durch die eingeatmeten Gase ebenfalls gefährdet, musste ich lange das Krankenbett hüten.

Es gab einige Termine vor Gericht, denen ich wegen meiner Krankheit nicht beiwohnen konnte. Niemand glaubte ernsthaft, dass ich Schuld an seinem Tod sei. In meiner Aussage über den Vorfall etwas verschweigend, gab ich an, dass Dr. Bayott in Hass und Raserei meine Termitenzucht vernichtete und anschließend die Sprühdose auch auf mich richtete. Im letzten Augenblick schaffte ich es seine Hand abzuwehren, wobei er selbst den vollen Strahl ins Gesicht bekam. Diesen Bericht konnte ich mit gutem Gewissen abgeben, denn ich fühlte mich tatsächlich nicht schuldig.

Er hätte mich auf seine gemeine Weise ebenfalls getötet, also handelte ich in Notwehr. Ich war nicht überrascht, als mein Anwalt mir von der Einstellung des Verfahrens berichtete.

Nun konnte ich mich wieder frei fühlen. Während meines Krankenaufenthalts ließ ich mich gründlich untersuchen. Ich bekam die freudige Nachricht, dass ich ganz gesund sei, also auch kein Blutgerinnsel im Kopf habe.

Man legte mir wohl nahe, mit meinen Kräften für die Zukunft mehr zu haushalten, da eine depressive Veranlagung vorhanden sei.

Ich muss mein Geheimnis weiter zu ergründen versuchen. Seltsame Symbolik, zwei Menschen starben durch meine Forschungsarbeit an Termiten. Burke, der für das Gute steht und James als Vertreter des Bösen. Welchen Sinn soll ich darin finden, furchtbares Wissen, dass ich mit mir trage.

<Sie unterscheiden nicht diese gegensätzlichen Eigenschaften, ich glaube, die Termiten würden alle Menschen vernichten.>

Wieder bin ich in Brasilien, wohne ich in der Nähe des Rio das Mortes. Ein alter Gaucho beherbergt mich, so teile ich mit ihm sein einfaches Leben. Viel weiß er mir aus dieser Gegend zu berichten, und ich lausche mit wachem Sinn. Er ist für mich der Inbegriff klaren Verstandes, ein Fürst in der Freiheit seines Denkens. Bei ihm könnte ich ausruhen, mich erneuern und versuchen, die Schönheit der Savannen und Steppen, der kraftvoll sich windenden Flüsse, ja selbst des erdrückend feuchten Dschungels mit seinen freundlichen Augen zu sehen. Kind ist er geblieben und doch so weise, den klaren Blick auf die Zukunft gerichtet. Gerne würde ich ihm von meinen seltsamen Erlebnissen berichten, erfahren ob auch er meinen Gedankengängen folgt. Mir fehlt der Mut dazu. Es ist fast ein Schamgefühl, das mich abhält, mich ihm anzuvertrauen. Sein Wesen scheint so gerade zu sein, würde er mich auslachen, könnte ich es nicht ertragen.

Der Gaucho besorgte mir ein Pferd. Es ist ein lustig wirkender Mustang, übersät mit schwarzen und weißen Flecken. Sein struppiges Fell mit einer langen hängenden Mähne über den Augen, verleiht dem Tier einen trotzigen Ausdruck. Jedoch ist er brav und trägt mich, wohin ich nur möchte. Bald werde ich die Gegend hier genauer durchforschen. Vom Gaucho erfuhr ich, dass jenseits des Flusses ein wild zerklüftetes Gebiet liegt.

Es war einmal das Reich der Chavante, eines räuberischen Volkes. Hier erzählt die Mär so manches über sie.

Was hat ihnen der ganze Mut genützt, als sie ausgerottet wurden. Es gibt da ein Lied, überliefert von den Wenigen, denen es gelingen konnte zu überleben. Einer von ihnen ist Urko, der Hüne. Er lebt mit dem Schnaps und seinem unseligen Erbe.

Als Urenkel eines stolzen Chavantekriegers, weiß er von dieser Weise zu berichten, die ihm schon in die Wiege gelegt wurde. Er selbst meint, seine Erinnerung daran sei ungenau, und die Worte tragen das Versmaß nicht mehr so recht. Doch bat ich ihn so inständig darum, mich davon in Kenntnis zu setzen, dass er sich schließlich erweichen ließ.

„Achte auf den Flug des Adlers, wenn er seine Beute erstürzt. Wehre ihm, denn er könnte dich treffen. Fließe mit dem Fluss, denn er könnte dich überfluten. Weine nicht über die Trockenheit, wenn sie dich verbrennt, denn du könntest ihr erliegen.
Nutze aber deine Zeit, wenn sie dich ruft, denn sonst wirst du getötet."

Diese seltsame Weise trug Urko mir in einem monotonen Singsang vor. Lauschend hörte ich von Ferne die warnenden Trommeln, die Schreie, empfand die Hilflosigkeit eines ganzen Volkes, das zu spät erwachte.

Urko befragte seinen Sonnengott Viracocha. Er wird mich auf keinen Fall weiter begleiten, als es dieser ihm erlaubt. Nun gut, so gehe oder besser reite ich ohne ihn das letzte Stück bis in das Chavanteland. Er ist nicht der Einzige, der mir von meinem Tun abrät. Sie alle, bis auf den Gaucho, begegnen mir seitdem mit Zurückhaltung.

Ich lasse mich von meinem Vorhaben nicht abbringen. Dort muss ich hin, koste es mein Leben. Man ist allein, man stirbt allein. Was nutzen die wenigen Phasen wirklicher oder auch eingebildeter Zweisamkeit.

Ich bin jedenfalls mit Schaffensdrang erfüllt und denke nicht daran, aufzugeben. Der Gaucho versteht mich.

So glücklich wie er ist, bin ich unglücklich. Er spürt es, weiß, dass er mich nicht halten kann.

Ich ließ Urko am jenseitigen Ufer zurück. Dort wollte er drei Monde auf meine Rückkehr warten. Sollte ich während dieser Zeit nicht bei ihm sein, betrachtet er mich als verirrt und wird trotzdem nach mir suchen. Auf mein Pferd kann ich mich verlassen. In dieser Gegend ist es kundig und mir ein treuer Freund.

Es ist drückend heiß und ich kann meinen Weg nur am Morgen und am späten Nachmittag fortsetzen. Sollte mich nicht die Malaria erneut gepackt haben, würde es mich wundern.

Es scheint lächerlich, ein schwächlicher Mann, krank und alt, reitet auf einem gutmütigen Pferd durch Einöden. Mir ist alles egal. Ich bin gleichgültig und seltsam ruhig geworden. Die innere Kraft verlässt mich nicht, sie darf es auch nicht. Ich bin durch Höllen gegangen. Sollte ich hier aufgeben.

Felsketten bäumen sich vor mir auf, steinige Wüsten dazwischen schlucken meine Schritte. Erbarmungslos brennt die Sonne. Ich brauche den Flug des Adlers nicht zu wehren, kein Fluss wird mich überfluten, auch weine ich nicht wegen der Trockenheit. Aber wird die Zeit mich nicht erdrücken? Wann ruft sie mich, wann wird sie mich töten, weil ich ihr nicht gewachsen bin. Du lieber Himmel, welche Schatten schickst du mir. Es sind keine die Sonne verdunkelnden Schatten, es sind Geister aus einer anderen Welt.

Kaum überwand ich eine Felsenkette, stellt sich mir die Nächste. Ich habe keine Kraft mehr. Was ich meinem Körper abverlange, ist zu hart. Ich muss pausieren, ausruhen.

Hier schlägt das Herz der Welt zum letzten Mal. Immer enger werden die Schatten, die mich umkreisen. Es ist Abend und ich sitze am Rand eines Felsens, den ich heute nicht mehr bewältigen kann.

Mein Mustang grast das letzte Gestrüpp vom steinigen Boden. Wir sind am Ende, es gibt nichts mehr danach. Ein leichter Wind zieht auf. Kühle und Dunkelheit, das ist es, was ich ersehne. Zu meiner Rechten entdecke ich einen schmalen Felsspalt, der mir die Überquerung, auch dieser Steinmassen ermöglichen wird, aber nicht für heute, ich kann nicht mehr.

<Die letzten Überlebenden werden so stark sein, dass es nichts mehr um sie herum gibt, was imstande wäre, ihre einmalige Perfektion zu zerstören.>

Das schrieb ich schon und ich muss mich daran erinnern. Hier sind sie die Götter, die Menschen versklavend. Ihre Macht ist so lähmend, so alles beherrschend, dass alle Wesen nur noch wie in Hypnose reagieren können. Sah ich nicht schon immer die schwarzen Wolken, die den Himmel verdüsternd, drohend auf uns lagen. Während ich ermattet ausruhte, beschattete mich ein Wesen ganz besonderer Art. Ich wollte fliehen, doch reagierte mein Körper nicht auf die Befehle meines Gehirns. Ich hatte keinen eigenen Willen mehr. Mich anfangs dagegen auflehnend, spürte ich bald, dass es nicht mehr ging. Eine gewaltige Kraft hatte sich meiner bemächtigt.

Der Nasuti stand vor mir, aufgerichtet, in gefährlicher Größe. Das war es also, was ich suchte. Als Wächter sprach er zu mir, „sieh mich an, den Beherrscher deiner Zukunft, bist du kein Mensch mehr, wirst du dich höheren Wesen anpassen müssen. Nun sind wir da und nehmen dir dein Menschsein. Sieh dir unsere Mammutstadt an, sie wird eure Zeiten überdauern. Wir werden uns auf der ganzen Welt verbreiten, ausdehnen, euch vernichten, denn ihr seid nur noch Staub in unserem Räderwerk."

Ich war, als ich dies hörte, sehr verwirrt. Wie heißt es noch, nichts Höheres darf über dem Einzelwesen, dem Individuum Mensch stehen. Allein in der menschlichen Struktur ist es möglich, wirklich Großes zu vollbringen.

Die Termiten kommen, weil wir idealistisch Denkende nicht mehr können, oder nicht mehr wollen.

Sie anfangs erfindend, hätte ich sie auch später gerne wieder aus meinem Kopf gestrichen, kämpfte mit ihnen und gegen sie, weil sie mich anzogen und gleichzeitig schreckten.

Nun allerdings werde ich ihnen nicht mehr trotzen, da es sie ja gibt. Ich spüre, dass auch die letzte Hemmung weicht.

Ich hatte für mich Werte geschaffen und ihnen Bestand verliehen, sie jetzt zu vernichten war nicht mehr möglich.

In dem Augenblick, als die Termite vor mir stand, verlor ich alles Glück der Erde, überzog mich Eiseskälte.

Ich müsste mich schuldig fühlen, denn ich sah das Unglück kommen und warnte niemanden davor. Nachdem der Soldat mich durch einen schmalen Felsspalt in das Tal führte, sah ich die drohend aufgerichtete Termitenburg. Meine anfängliche Lähmung wurde von nackter Angst verdrängt. Obwohl die kräftigen Kiefer des Nasuti sich nicht zu bewegen schienen, hörte ich ihn weiter sprechen.

Ein immer lauter werdendes Tik-Tik-Tik drang an mein Ohr, konnte ich denn aus der Termitensprache überhaupt all das heraushören. Es musste so sein, denn deutlich verstand ich, was er mir zu sagen hatte.

Er stieß mir die Hornspitze seiner Nase in den Rücken und drängte mich voran. Ich fühlte die klebrige Nässe des dabei ausströmenden Nasensekretes meinen Körper herunter rieseln. Dann fiel ich wie betäubt zu Boden.

Nach unbewusster Zeit erwachte ich in einer halb verfallenen Hütte. Es war heller Tag. Vor meinen Augen lag das Tal, umgeben von riesigen Felsmassiven. Wie ein warnender Finger erhob sich die Burg der Termiten gen Himmel.

Nichts schien sich zu regen, und doch bebte die Erde unter mir, wie von Millionen Ungeheuern erschüttert. Die Haut meines Rückens brannte. Den Nasuti gab es wirklich und mit ihm hier ein ganzes Termitenvolk. Ich hatte mich also nicht getäuscht und würde Augenzeuge eines wahnsinnigen Geschehens werden.

Wie viele seiner Art bringt die Königin wohl täglich zur Welt. Denke ich an die Millionen Termiten, die zu gebären sie fähig ist, werden sie von nun an der ganzen Menschheit ihre Macht aufzwingen. Ich sehe Versklavung und Vernichtung, überall wo sie auftreten.

<So denkt sie brütend nach, die Königin.>

An Leibesumfang ständig zunehmend, wechselt sie im Zustand völliger Bewegungslosigkeit Kammer um Kammer. Niemand weiß genau, wie sie das zu Wege bringt. Die Eingänge ihrer Zellen sind zu klein, um sie hindurch zu lassen. Auch wären viele Termiten erforderlich, ihre gewaltige Körpermasse zu bewegen. Um das aber vollbringen zu können, müssten sie erst einmal Platz in ihrer Behausung finden, die jeweils nur ihren Körpermaßen angepasst ist, und doch gelingt der Königin mehrmals der Wechsel, ohne auch nur eine Wand zu beschädigen. Diese Fähigkeit überträgt sie allein den neu ausschlüpfenden Königinnen.

Sicher liegt sie hier gut versteckt, wo Feuchtigkeit und Schwammigkeit der Pilzkulturen ihr ein weiches Bett geben.

Ihre Brut ernährt sie von der Ambrosia der Pilze, geerntet von ihren fleißigen Arbeitern. Einst brachte sie auf ihrem einzigen Hochzeitsflug in einer Hauttasche an ihrem Körper den ersten Pilzfaden für ihre Pilzgärten mit. Nun ruht sie da irgendwo im Erdreich unter ihrer Burg, hält in unvorstellbarer Ausstrahlung ihr Volk zusammen.

Wenn ich daran denke, dass hier bald die ersten flugbaren Wesen in der Dämmerung aufsteigen werden und ich mir die Größe dieser Insekten vorstelle, graut es mich.

In aufgerichteter Haltung sah mir der Nasuti über die Schulter. Er hätte mich mit einem Biss seines kräftigen Maules zermalmen können.

Das sind nicht mehr meine Marionetten, deren Fäden ich einst in der Hand hielt. Sie entglitten mir, wie alles in meinem Leben. Die Königin muss sterben. Es darf nicht geschehen, dass diese flugbereiten Termiten ihre Reise antreten können. Ohne ihre lenkende Macht müssten dann auch alle anderen zugrunde gehen.

Mir ist es nicht mehr möglich, sie zu vernichten. Ich würde es noch nicht einmal bis zur Einlassöffnung der Burg schaffen. Jede einzelne Termite steht unter ihrem Einfluss, würde mich sofort als Feind erkennen. Etwas haftet an ihnen, ausgehend von ihrer Königin. Sie ist die physische Mitte, die ihre Bewegungen und Tätigkeiten bestimmt, die den Gesamtorganismus überwacht. Diese Wesen, die keine Insekten mehr sind, dürfen uns Menschen nicht vernichten, denn sie werden nie fühlen, sprechen oder denken wie wir. Sie bleiben Automaten, geleitet von ihrer geheimnisvoll lenkenden Königin.

Nun bin ich schon viele Tage hier im Tal. Ich dämmere dahin, ohne Kraft, meistens im Fieber. Ich kann mich aus meinem selbstgeschaffenen Gefängnis nicht befreien.

Wo ist mein Pferd geblieben, wo Urko, der doch sicher noch am anderen Ufer des Flusses auf mich warten wird. Sie meiden mich alle, mich und diese Stätte. Wie sehr sehne ich mich nach der Nähe eines wirklichen Freundes. Seltsam ist auch, ich zweifle nun wirklich wieder daran, dass es die Termiten in der von mir beschriebenen Weise gibt. Denn, als ich gestern die Burg betrachtete, schmolz sie vor meinen Augen zusammen. Es war, als sähe ich sie durch ein Verkleinerungsglas. Als ich dann aber darauf zuging, um mich zu vergewissern, wuchs sie wieder zur vollen Höhe auf.

Ich erschrak heftig und beeilte mich, meinen Unterschlupf aufzusuchen. Werde ich am Ende doch wahnsinnig?

Wieder einmal im Zweifel, ob ich einer Fata Morgana, einem Trugbild aufsitze, ging ich zur Termitenfestung. Dieses Mal scheute ich nicht zurück, als sie sich grösser werdend, gefahrvoll vor mir erhob. Ich legte mein Ohr an die zementartige Außenmauer. Bald vernahm ich die bekannten Töne, Signale wie ein schnell hintereinander wiederholtes Tik-Tik-Tik. Warnten sie sich vor mir oder lockten sie mich, ich verstand sie nicht.

Enttäuscht wollte ich gehen, als mich etwas umklammerte. Ich sah zwei blutrote Greifarme, die versuchten, mich in das Innere des Baues zu zerren. Diese Zangen waren so erschreckend kräftig, dass ich mich nicht daraus befreien konnte. Ich fiel hin und überließ mich dann meinem Schicksal.

Völliges Dunkel umgab mich bald und die Geschwindigkeit, mit welcher ich einen Gang hinab gezogen wurde betäubte mich fast. Ich durfte jetzt nicht schwächlich sein, nicht die Besinnung verlieren. Es musste jetzt zum Kampf auf Leben und Tod kommen. Welche Chance hatte ich eigentlich noch?

Ich kam hierher, um die Termiten zu finden. Hoffte ich insgeheim, sie nicht zu finden.

„Geh mit uns, du Mensch, heute Nacht schwärmen wir aus, bevölkern die Welt und du wirst uns nicht hindern."

Tik-Tik-Tik, es brauste und toste um mich herum, wisperte und flüsterte, wie tausend Echos. „Wir wissen nichts von Menschen, genauso könntest du ein Grashalm sein, der unser Schaffen stört. Wir räumen alles fort, was uns im Wege liegt.
Es gilt allein unser Volk zu mehren, nun huldige endlich unserer Königin."

Ich wurde vor eine Zellenöffnung geworfen, dann war es still. Angenehme Wärme umgab mich, da ich vor der Kammer der Königin lag. Von der feuchten Erde stiegen Dämpfe auf, hüllten mich ein. Obwohl es sehr dunkel war, sah ich ihren schimmernden Körper. Viele Larven krochen auf ihm herum. Sie berührten diesen ganz zart mit ihren Kiefern und Vorderbeinen. Dieses Abtasten gab mir den Eindruck größter Sorgfalt. Während sie das taten, zuckte der Leib der Königin in krampfartiger Bewegung, als empfinde sie Geburtsschmerz, worauf sie bald danach eine große Anzahl weißer Eier herauspresste.

Ich fürchtete mich nicht vor ihr, obwohl sie riesenhaft und hässlich vor mir lag. Sie rührte mich seltsam an. Angst hatte ich vor den Arbeitern und Soldaten, deren unsanfte Behandlung ich bald wieder zu spüren bekam. Sie griffen mich erneut auf und zogen mich durch mehrere endlos wirkende Gänge, hier und da von einem Belüftungsschacht schwach erhellt. Dann traf mich ein harter Schlag am Kopf. Ich verlor das Bewusstsein und fand mich in der Hütte wieder. Wie ist das nur möglich, jedes Mal wenn ich ohnmächtig werde, erwache ich anschließend in einer Hütte. Welche unsichtbare Hand liegt schützend über mir?

Jetzt fand ich sogar Brot, Wein und Käse vor. Ich hatte Hunger und Durst, doch wer wusste davon in dieser Einöde. Es ist alles so verwirrend und unklar. Ich möchte gerne fort, mich ausruhen, nicht mehr denken. Ohne Hilfe schaffe ich den Weg nicht mehr zurück. Schon sehe ich die Termitenfestung wieder klein und nichtig im gleißenden Licht der Sonne liegen.

Das Phänomen ihrer Vergrößerung und Verkleinerung quält mich ständig. Ich weiß nicht mehr, wo die Wirklichkeit liegt. Auch die Räumlichkeit meiner Behausung verändert sich unentwegt.

Heute Nacht also schwärmen die Termiten aus. Ich darf nicht einschlafen, muss den Einbruch der Dämmerung erwarten.

Das nicht mehr Aufzuhaltende war nun geschehen. Schwüle Feuchtigkeit stieg auf, als ich lauernd der Termiten harrte. Es war eine Nacht, ihr Vorhaben begünstigend.

Als sie auftauchten schien die Festung unter ihren schweren Leibern zu erbeben. Sogleich erhoben sie sich in die Luft, mit kaum hörbarem Flügelschlag. Sie flogen in alle Richtungen davon, den Himmel vollends verdunkelnd. Niemals zuvor sah ich etwas Gewaltigeres. Ich weiß nicht, wie lange dieser Aufbruch währte. Die Zeit stand für mich still. Als die letzten Nachzügler sich nach leichter Orientierung emporhoben, griff etwas nach meinem Herzen. Nun konnte, durfte es nicht mehr weitergehen.

Das musste ein Ende haben. Ich starb in dieser Nacht einen Tod. Mehrmals schon fühlte ich mich ihm näher, als dem Leben. Jetzt war es anders. Es kroch von den Füssen herauf, krampfte mich wie im letzten Kampf zusammen. Dann atmete ich nicht mehr. Ja, ich konnte mich selbst dabei beobachten. Ich war der toten Hülle entschlüpft. Mein Gehirn schwebte darüber, angefüllt mit klarem Denken.

„Es ist nicht gut C.L., wenn du in diesen siechen Körper zurückkehrst“, dachte ich und gewahrte einen nahenden Schatten. Eine Hand streckte sich aus und strich über die Stirn, die nicht mehr die meine war. Eine zweite Hand stützte den Kopf, hielt ihn, als wolle sie ihn nie mehr loslassen. Es zog mich zu meinem Körper zurück, wiederstrebend, unter Zwang.

Heiß schoss das Blut durch meine Adern, ließ mich fast zerspringen.

Ich wurde also doch zurückgerufen in die Verwirrung, in die endgültige Unfreiheit. Ich nahm Gesichtszüge wahr, die ich gut zu kennen glaubte.

Da ich wieder eins mit meinem Körper schien, musste ich den Vorhang ganz zerreißen. Schlimme Sekunden gaben mich dem Leben wieder.

„Mein Freund, nun ist es aber wirklich genug. Sie werden, wenn es Ihnen besser geht, mit mir kommen und das hier alles hinter sich lassen, Sie sind ja völlig erschöpft."

Er, der Gaucho war es also, der mich die ganze Zeit beschattete. Meine düsteren Gedanken erkennend, ritt er mir hinterher. Als er dann mein Pferd herrenlos herumirren sah und mich nicht fand, steigerten sich sein Sorgen. Nach längerem Suchen entdeckte er mich in diesem Tal, in entsetzlicher Verkrampfung am Boden liegend. Er hob mich auf und trug mich in die halbverfallene Hütte. Nachdem er sich überzeugte, dass ich atmete, ging er und verbarg sich vor mir. Er wollte wohl meinen Stolz nicht verletzen.

Auch interessierte es ihn, dass gab er zu, warum es mich in diese Einöde verschlug. Sah er die Ungeheuer denn nicht auch? Ich werde mit ihm gehen. Nur muss ich vorher noch einmal zur Termitenburg. Ich bat den Gaucho, mich auf diesem Weg nicht zu begleiten.

Noch einmal musste ich mich vergewissern, allein sein mit meinen Gedanken und den Termiten. Doch schon von weitem bot sich mir ein trauriger Anblick. Dort, wo sonst stolz die Termitenburg herausragte, lag nur noch ein zerfallener Lehmhaufen. Nichts wies darauf hin, dass hier einst so viel Leben herrschte. Einige wenige Soldaten und Arbeiter irrten ziellos herum. Ihre Königin war tot. Sie konnten ihrem Dasein keinen Sinn mehr verleihen. Ohne die magnetische Mitte, würden auch sie bald sterben. Warum war ich nun nicht froh, der Spuk hatte sich doch sichtbar aufgelöst. Konnte ich nicht endlich befreit von hier fortgehen. Was dort klein und elend vor mir lag, würde nie die Welt beherrschen können. Doch erlebte ich es anders!

Fühlte und spürte ich sie nur im Traum, wieso verursachten sie mir dann aber körperlichen und seelischen Schmerz. Ich sah es, die Termiten flogen aus in dieser Nacht, einen neuen Anfang herbeirufend. Es waren Wesen von unvorstellbarer Fruchtbarkeit, gigantische Herrscher einer neuen Macht.

Vernichtet man auch Millionen Ihrer Völker, würde man sie alle töten und vergäße nur einen Stamm, der sich im Verborgenen hält, wäre alle menschliche Mühe umsonst.

Die Natur wird eines Tages wieder ihre Wahl treffen müssen, dem Stärksten die Herrschaft überlassen. Darf der Mensch sich dann wirklich sicher sein, dass er wieder als Sieger hervorgeht?

Mit diesen, zum Nachdenken zwingenden Worten des Herrn C.L., endete plötzlich sein Tagebuch.

Was muss er unter seinen verwirrenden Gedanken gelitten haben, die aber auch mich als Lesende bedenklich machen, da sie einer gewissen Wahrheit nicht entbehren.

Hoffentlich bleibt der, einer ungeheuerlichen Vorstellungskraft entspringende Funke seiner Tagebucheintragungen nur eine Utopie und wird niemals Wirklichkeit.

Tristan und Isolde

Lisa und Sue waren Zwillinge und von Grund auf verschieden in ihren Charakteren.

Lisa, mit ihrem roten, üppigen Haarwuchs und den herrlich geschwungenen Brauen über graublau schimmernden Augen, war die Schönere und Attraktivere. Ihr schlanker Nasenrücken, der gerade Hals und ihr federnder Gang, verliehen ihr die Grazie eines rassigen Pferdes. Ihren Körper bog sie mit dem eleganten Schwung eines Mannequins auf dem Laufsteg. Nie wich die Spannung daraus, selbst dann nicht, wenn sie sich vor dem Schlafengehen das herrlich lange Haar bürstete. Im Traum dann schienen ihre Nasenflügel zu zittern, als gäben sie die eingeatmete Luft nur widerstrebend hinaus.

Zwei Halbkränze dichtester Wimpern beschatteten die rosigen Wangen, verbargen für eine ganze Nacht lang das Geheimnis dieser koketten Seele. Nur schwer öffneten sich ihre Augen jedem neu beginnenden Tag um dann, sofort wieder jenen seltsam angespannten, fast lauernden Ausdruck anzunehmen.

Die andere, Sue, mit ebenso rotem vollem Haar begnadet, trug ihre Frisur in halber Länge und glich eher einem Knappen der Renaissance. Auch sie hatte graublaue Augen, doch schauten diese friedlich und Ruhe gebend unter den Ponyfransen hervor. Die hohe weiße Stirn, welche die eine der Welt so trotzend darbot, konnte man bei ihr nur ahnen. Auch schien die Nase nicht ganz so gerade, eher etwas stupsig zu sein.

Der feingezeichnete Mund beider Mädchen unterschied sich nur im Ausdruck. War der eine fest und vertrauenerweckend, schimmerte der andere feucht und verlockend.

Sue kannte ihr Leben, jedenfalls glaubte sie das. Lisa hingegen erwartete stets etwas Neues, Reizvolleres, das, was es vielleicht gar nicht gab. Ob sich die Zwillingsschwestern liebten oder hassten, aneinander hingen oder nicht, konnten sie niemandem sagen. Wenn sie jemand danach fragte, wichen beide einer konkreten Stellungnahme aus. Dann glichen sie einander wie ein Ei dem anderen und man konnte nicht mehr in sie hineinsehen, da sie die Augen niederschlugen.

In ihrem nicht ganz bürgerlichen Leben, das von den künstlerischen Ambitionen der Eltern überschattet wurde, hatten sie außer Ähnlichkeit noch etwas gemeinsam, die Gleichgültigkeit des Vaters ihnen gegenüber, abgemildert von der Liebe der Mutter. Der Vater hingegen erging sich in Gott begnadeter Weise wahrer Lobeshymnen an ihre älteste Schwester Greta. Je mehr die Zwillinge darum kämpften, seine Achtung zu erwerben, desto heftiger schien er sich von ihnen abzuwenden. Das bekamen sie schon als kleine Mädchen zu spüren, in einer Zeit, wo sie noch bewundernd zur großen Schwester aufschauten und ihr nachzueifern, emsig bemüht waren. Sue gab als erste auf und versank in einer phlegmatischen Welt. Lisa, die Lebhaftere, konnte sich schlechter damit abfinden und geriet in einen regelgerechten Konkurrenzkampf mit Greta, den sie in ihrer Koketterie eigentlich hätte gewinnen müssen.

Doch vermochte sie den Vater nicht zu täuschen, der der sanften Weiblichkeit seiner ältesten Tochter geradezu erlegen war. So wuchs Greta im Schutz väterlicher Geborgenheit auf, erwarb sich durch die Macht, die sie auf den Vater ausübte, die stille Bewunderung der Mutter und entwickelte die besten Instinkte für ein gesundes, klares Leben.

Irgendwo hatte Sue einmal gelesen, dass ein Mensch, der seine Persönlichkeit findet, mit Glück und Fluch zugleich beladen wird. Nach ihrem Ich hatte sie lange gesucht. Erst in ihrer Ehe entdeckte sie eine Chance dazu. Wie ein Spürhund nahm sie die neue Fährte auf, folgte ihr mit fester Entschlossenheit. Noch berauschte sie sich an dem neu gewonnenen Glück, häutete sich täglich ein wenig mehr, griff nach der festen Form, die sich ihrem Leben darbot. Mit ihren dreißig Jahren hatte sie schon viel erreicht. Aber das war es nicht, was sie so mit Stolz erfüllte.

Sie spürte hier und da den Fluch der Vereinsamung, der ihrer Persönlichkeitsfindung nachzog. Sie wurden ihr alle ein wenig fremder, die Eltern, der Mann, die Schwestern, die Freunde.

Sie war nun nicht mehr das leichtgläubige Dummchen, das man umher schieben konnte. Ihre Ängste und Not begannen sich mit Tatsachen anzufüllen, wurden dadurch für sie fassbar und begreiflich.

Sie saß nicht mehr so oft allein an den Ufern des Rheins auf einer Bank und sann nach. Auch suchte sie das beunruhigende Gesicht ihrer Schwester Lisa, die nun fern in Paris lebte, nicht mehr auf, um sie tadelnd für etwas zu bestrafen, das sie sich lange genug vorgeworfen hatte.

Jetzt wollte Sue wieder intensiv leben, das brennende Haus vergessen, in dem die Zwillingsschwester durch ihre Schuld beinahe umgekommen wäre und auch dem Vater verzeihen, der damals in seiner Not nur an die Rettung der älteren Tochter Greta dachte.

Sie dachte, als das Haus in Flammen stand, auch nur an ihr eigenes kleines Leben, war aus dem Bett gesprungen, ohne sich noch einmal nach Lisa umzusehen, die wie gebannt, mit weitaufgerissenen Augen in das Spiel von Feuer und Schatten starrte. Erst als Sue im Freien war, die frische Luft sie neu belebte, fing sie an nach der Schwester zu rufen. Sie hatte keine Brandwunden erlitten und doch schmerzten ihre Arme, als hätte das Feuer danach gegriffen. Ein Feuerwehrmann trug später die bewusstlose Lisa heraus und legte sie sanft auf eine Trage.

Nun wusste Sue warum sie Schmerz empfunden hatte, denn an Lisas Armen entdeckte sie heftig aussehende Verbrennungen. Sie waren eineiige Zwillinge und besonders sie hatte die Gabe, Freud und Leid mit der Schwester zu teilen. Nach diesem Unfall, dessen Ursache nie herausgefunden wurde, konnten beide Mädchen nicht mehr sprechen.

Die Mutter, die zur Zeit des schrecklichen Geschehens nicht anwesend war, kümmerte sich nun noch liebevoller um ihre zwei stummen Zehnjährigen. Dunkel erinnerte sich Sue der stundenlangen Sitzungen bei einem Psychotherapeuten und Hypnotiseur in Berlin, der mit allen Mitteln versuchte, den erlittenen Schock der Zwillinge zu lösen.

Es dauerte über ein Jahr, bis sich erste kleine Erfolge abzeichneten. Lisa fand zuerst ihre Sprache wieder, danach Sue. Da die Ursachen des Schocks verschieden waren, konnte es nicht anders sein, als so. Von nun an verbesserte sich ihr Allgemeinzustand zusehends und besonders Lisa entwickelte erneut ihr volles Temperament. Sie wuchs zu einem sehr schönen Mädchen heran und Sue folgte ihr auf diesem Weg nur schwerfällig. Sie plagten die Gewissenbisse, wenn sie auch bis zu dem Zeitpunkt, als sie ihren Mann kennenlernte, nie mehr darüber sprach.

Erst in der Ehe mit dem über zwanzig Jahre älteren Arzt lösten sich ihre Konflikte, begriff sie, dass ihre besondere Angst vor dem Feuer diese Panik in ihr ausgelöst hatte. Es war also kein Hass auf die Zwillingsschwester und kein Gedanke daran, sie loswerden zu wollen. Früher entzog sie sich den Stimmungsschwankungen Lisas gerne, denn sie waren ihr unheimlich, berührten ihre eigene Seele, ohne sie deshalb verstehen zu können.

Heute war das anders. Wenn Lisa mit ihren Blitzbesuchen bei der Schwester Sue auftauchte, gab es jedes Mal eine Riesenfreude. Obwohl sie einander äußerlich so ähnlich waren, hatten sich verschiedene Lebensauffassungen herausgeschält und konnten jetzt, da man Abstand voneinander gewonnen hatte, mehr amüsant als tragisch sein. Das glaubte Sue jedenfalls. Für gewöhnlich kündete Lisa ihren Besuch bei Sue mit einem Anruf vom Düsseldorfer Flughafen aus an. Dieses Mal stand sie einfach vor der Haustür und schien ganz erstaunt zu sein, dass Sue ihr nicht persönlich öffnete. Ein kleiner blauäugiger Blondschopf sprang ihr schon kreischend entgegen, als das Kindermädchen Sahra sie kaum hereingelassen hatte.

Der dreijährige Jan war ein Adoptivkind von Sue und Robert Lahay und kannte die Tante schon genau. Immer, wenn Lisa das Kind sah, bekam sie einen Kloß im Hals, denn sie wusste, dass sie nicht unschuldig daran war, dass Sue vor vier Jahren ihr eigenes Kind verlor. Das passierte an dem Tag, als sie sich in Paris sterilisieren ließ. Danach klappte es bei den Lahays nicht mehr mit dem Familienzuwachs und sie entschlossen sich zur Adoption dieses kleinen Waisenjungen. Lisa war gerne im Haus ihres Schwagers.

Entsprach die gediegene Atmosphäre nicht gerade ihrem Geschmack, war doch auch ein Teil von ihr hier durch die Schwester beheimatet. Sie fühlte sich angezogen von der Einfachheit ländlicher Umgebung. Ja, Robert wäre ihr als Mann auch schon recht gewesen, nur hätte sie ihn sicherlich sehr unglücklich gemacht.

Sie nahm das vor Freude quiekende Kind auf den Arm und ging hinaus in den Garten, vorbei an den Treibhäusern, ein Hobby Roberts, bis zum Atelier ihrer Schwester Sue. Sie wusste, wo sie sie finden konnte, wenn sie nicht im Haus war. Sue malte, zeichnete und modellierte. Anfangs tat sie das nur zu ihrem Vergnügen, dann, nach der ersten Ausstellung, fand sie mit ihren Arbeiten dermaßen Anklang, dass sie ihren künstlerischen Verpflichtungen kaum noch nachkommen konnte.

Lisa hatte nicht so viel Glück in ihrem Leben, bei ihr reichte es nur zum Mannequin und die Zeit des Erfolges war begrenzt. War es nicht richtig, dass ihre Zwillingsschwester, die ernstere von beiden, die doch auch wesentlich mehr Kraft investiert hatte, nun die Erfolgsleiter steil empor klomm.

Der vielbeschäftigte Robert fand trotzdem genügend Zeit, seine Frau zu unterstützen. Hier gab es noch die Idylle einer geordneten Ehe. Nun durchbrach Lisa, diese Ruhe mit ihrem unerfüllten Herzen, ihrer rastlosen Suche nach einem Glück, das vielleicht auch einmal ihr beschieden sein könnte. Fand sie das denn bei ihrer Schwester, hatte sie überhaupt noch Recht hier zu sein?

Während Lisa mit graziösem Gang den weitläufigen Garten durchschritt, leuchtete ihr schon der hellblaue Leinenkittel Sues durch das Atelierfenster entgegen. Der kleine Jan lief ihr nun voraus und krähte seiner Mutter fröhlich zu. Sonst durfte er sie bei ihrer Arbeit nicht stören, aber heute, durch den Besuch der Tante, war ein besonderer Tag.

Vor der weitgeöffneten Tür des Ateliers blühten rotglühende Rosen. Ein leichter Sommerwind strich über die Büsche hinweg, trug die Stimmen der Nahenden bis in das Innere des Raumes. Mit überraschtem Lächeln wandte Sue sich um, erkannte die elegante Gestalt ihrer Schwester. Das war sie, die Isolde ihrer Vorstellung. Mit der Wiedergabe dieses Körpers, dieses von rostrotem Haar umrahmten Antlitzes, wollte sie die leere Stelle ihres Zeichenblattes füllen, warum war sie nicht eher darauf gekommen. „Bleib so stehen Lisa, ich bitte dich, bewege dich für ein paar Minuten überhaupt nicht." „Mein Gott, bist du komisch, das ist ja eine tolle Begrüßung heute." Sue blickt kurz auf, „ich erklär es dir gleich."

Wie besessen fuhr Sue nun mit ihrem Kohlestift über das Papier. Ein glückliches Staunen, eine kaum zu bändigende Erregung lag in ihren Augen, die sie schnell, wie gehetzt auf und nieder schlug. Das musste sie einfangen, Isolde von gleißendem Licht der Sonne umflossen, hinter sich das rauschende Meer mit dem Bug des Schiffes, im Blick die Erwartung der Wiedersehensfreude mit ihrem geliebten Tristan, der verwundet am Strand ihrer harrt, so war es gut.

Entspannt reckte sie ihren Rücken. „Du kannst dich wieder bewegen Schwesterherz, der Spuk ist vorbei." Auch Jan, der staunend stehengeblieben war, rührte sich nun wieder. Er fasste die Tante an der Hand und führte sie der Mutter plappernd zu. Beide umarmten sich nun herzlich wie immer, wenn sie sich sahen, als hätten sie sich nie getrennt. Wegen dieser einmaligen Vertrautheit konnten sie niemandem die Frage beantworten, ob sie sich nun liebten, oder hassten. Beides hatten sie schon füreinander empfunden, aber eben nur in der Art, wie ein menschliches Wesen es manchmal selbst für sich spüren kann. Als sie noch jünger waren, wunderten sie sich oft darüber und begriffen erst viel später den tieferen Sinn. Ihre manchmal gleichzeitigen Empfindungen, wenn sie auch durch tausende von Kilometern voneinander getrennt wurden, konnten schon sehr belastend sein. Zum Beispiel zwang der Schmerz der einen die andere mit ihr zu leiden, oder es übertrug sich auch eine Erregung in einem unpassenden Moment auf die andere. Das brachte mit sich, dass ein gewisse Anspannung, ein Warten auf Unvorhergesehenes nie von ihrer Seite wich. Am schlimmsten schien Sue darunter zu leiden.

Sie hatte manchmal grundlos Depressionen, fühlte ihre Gedanken verhängnisvoll von der Schwester durchkreuzt und sagte Lisa Dinge, die sich tatsächlich ereignet hatten, von denen sie aber unmöglich wissen konnte, auf den Kopf zu. Trotzdem war sie die Ruhigere von beiden.

Das lag an ihrem leichten Phlegma und den günstigeren Lebensumständen. Auch hatte sie gelernt, die Ausstrahlungen ihrer Schwester abzufedern, sie herauszulassen und ihnen in phantasievollen Bildern sichtbare Form zu verleihen.

„So Lisa, ich werde dir jetzt alles erklären, komm an den Zeichentisch. Siehst du die Blätter hier, darauf sind Darstellungen aus der Oper Tristan und Isolde von Richard Wagner, wie ich sie sehe.

Die Handlung im ersten Akt ist folgende:
Ein englisches Schiff, von Irland kommend, auf seiner Heimreise. Darauf in ihrem Gemach Isolde, die irische Königstochter, die dem alternden englischen König Marke als Braut zugeführt werden soll. Ihr Brautführer ist Tristan, der engste Vertraute König Markes. Isolde erzählt ihrer Dienerin Brangäne von einem Ereignis, das schon viele Jahre zurückliegt.

Damals trieb es den schwerverwundeten Tristan an ihre irische Heimatküste und sie nahm den Feind hilfreich auf, pflegte ihn mit ihren Heilkräutern gesund, so dass er bald darauf nach England zurücksegeln konnte. Tristan hatte im Kampf ihren Verlobten Morold erschlagen. Seitdem ließen ihre Gedanken nicht mehr von Tristan ab. Nun kehrte er zurück. Dieses Mal als Brautführer für König Marke.

Wie schmählich empfand Isolde diesen Verrat an ihrer heimlichen Liebe zu ihm, der sie mit einem anderen vermählen wollte.

In wilder Leidenschaft beschwört sie Brangäne, doch einen Todestrank für sie beide zu mischen und befiehlt dann Tristan in ihr Gemach auf dem Schiff. Sie verstrickt ihn in ein Gespräch. Währenddessen mischt Brangäne statt des Todestrankes einen Liebestrank. Isolde bringt Tristan dazu, gemeinsam mit ihr den Becher zu leeren.

„Tod uns beiden“, sind die Worte, die ekstatisch ihren Lippen entströmen. Schon betrachtet Tristan sie im Taumel des Liebeserkennens. Verzückt schwören sie sich nun ewige Treue.

Das Schiff aber treibt der englischen Küste entgegen, an der König Marke seine junge Braut aus Tristans Händen entgegennehmen will. Die Hochzeit wird vollzogen. Isolde trifft sich nun des Nachts heimlich mit ihrem Geliebten. Natürlich wird diese Liebe vom Widersacher Tristans, einem neidischen Höfling, verraten. Dieser fällt im Zweikampf mit Tristan, wobei auch er schwer verwundet wird. Brangäne gesteht nun dem fassungslosen König Marke, dass durch ihren Liebestrank die zwei einander liebend verfallen mussten. Tristan wird von seinem treuen Diener Kurvenal in seine Heimat Bretagne zurückgebracht. Dort harrt er sterbend seiner Isolde. „Das Schiff, siehst du es noch nicht?“ Er kann nicht sterben, ohne seine Geliebte noch einmal gesehen zu haben.

Endlich naht das Schiff mit Isolde, dem König, Brangäne und dem Gefolge. Ein letztes Mal schließt sich das Liebespaar in die Arme. Danach erliegt Tristan seiner Verwundung. Isolde, die nur mit ihm leben kann, bricht über ihm zusammen und stirbt den Liebestod.

Es gibt hier nicht die Subtilität des Weibes, die Verständigungsschwierigkeiten zwischen Mann und Frau, wie es beim Lohengrin der Fall ist. Elsa und Lohengrin können nicht beieinander bleiben, weil das Irdische nicht mit Überirdischem zusammengehen darf. Diese Liebe bewegt sich auf einer rein geistigen Ebene. Wagner löste das Thema mit viel Sympathie für Elsa, ohne seinen strahlenden Gralshelden Lohengrin dadurch anzutasten. „Nie sollst du mich befragen, noch Wissens Sorge tragen, woher ich kam der Fahrt, noch was mein Nam` mein Art!“

Natürlich bezähmt Elsa ihre Neugier nicht und fragt ihren Helden nach seiner Herkunft. Das wird ihr zum Verhängnis.

Tristan und Isolde verkörpern die irdische Liebe. Im Rausch der Sinne schöpfen sie diese voll aus. In ihrem gemeinsamen Sterben liegt die Reinheit wahrer menschlicher Vereinigung über den Tod hinaus.“

Sue hatte gar nicht bemerkt, dass Lisa während ihrer Erzählung zum großen Atelierfenster hinaus schaute, als wäre sie weit entrückt. Schwerfällig, wie in Trance, drehte sie sich nun wieder der Schwester zu. „Nun bin ich also deine Isolde, die Frau, die deine schöpferische Hand zwingt, sich auszudrücken.“ „Ja Lisa, du entsprichst in allen meinen Vorstellungen dieser Figur.“

„Warum zeichnest du dich nicht selbst?“ „Daran habe ich nicht eine Sekunde gedacht, übrigens, wie geht es eigentlich deinem Pierre?“„Hör mir auf davon, die Liste der Enttäuschung wird immer länger.“ „Wieso, willst du ihn nun doch nicht heiraten, ein älterer Mann würde dir gut bekommen.“ „Das dachte ich auch, aber inzwischen hat sich einiges geändert.“ „Mag er dich nicht mehr?“ „Oh doch, es liegt wohl an mir, ich bin regelrecht aus Paris geflohen, seine Nähe erstickt mich fast. Außerdem bereitet er seine Frühjahrskollektion vor und ich konnte das Durcheinander von Stoffen, das Herumfummeln an meinem Körper, nicht mehr ertragen. Dreh dich nach rechts Lisa, geh etwas nach vorne, nein, nein nicht so, sondern so usw., ging es den ganzen Tag. Ich bin doch ein Mensch und keine Puppe. Wenn ich dir nicht auf den Nerv falle, würde ich gerne ein paar Tage bei euch bleiben.“ „Wie du möchtest Lisa, ich stecke zwar selbst in tiefer Arbeit, aber du hast uns noch nie gestört. Überdies muss Robert morgen sowieso zu einem Ärztekongress nach Norderney und wird vor einer Woche nicht zurück sein.“ „Sag mal Sue, hast du eigentlich etwas von Greta gehört, sie wollte sich doch scheiden lassen." „Weißt du das noch nicht, sie ist bereits geschieden und wohnt wieder bei den Eltern in Berlin."

„Arme Mutter, sie hält es mit Greta doch nicht länger als eine Woche zusammen aus, dafür schmilzt Vater umso mehr dahin, wie ich ihn kenne." „Sei nicht gemein Lisa, ich finde, wir sollten diese unleidlichen Erinnerungen endlich versuchen zu vergessen. Ich habe mich damit abgefunden und du müsstest es auch tun. Greta war uns immer eine gute, verlässliche Schwester. Sie hat in ihrem Leben viel Pech gehabt und für alles einen hohen Preis gezahlt." „Und das bei ihren guten Veranlagungen, meinst du sie geht wieder in ihren Lehrerberuf zurück, täte ihr vielleicht gut. Übrigens, die Brangäne da auf deinen Zeichnungen ähnelt ihr sehr. Ist das Absicht?" „Anfangs war es das nicht, doch dann gefiel mir die Vorstellung, dass Greta auch Brangäne sein könnte." „Du meinst, sie hätte uns als kleine Kinder auch besser vergiften sollen, als uns mit ihrer großzügigen Güte hoch zu päppeln?" „Wie hart du bist Lisa und doch, irgendwie sprichst du Dinge aus, die ich dunkel empfinde, aber Hemmungen hätte, mich davon auf deine Weise zu befreien." „Du bist feige." „Nein, nur ängstlich." „Und dann der König Marke...." „ Du brauchst gar nicht weiter zu reden. Der König Marke sieht aus wie Robert, nicht wahr."

„Genau das wollte ich bemerken Schwesterlein, warum machst du das?" „Frag mich nicht weiter Lisa, ich kann es dir nicht sagen. Unzählige Skizzen fertigte ich vorher an und immer glichen sie Robert." „Eines muss ich noch wissen, wer war denn der geistige Vater deines Tristan, oder gibt es den nur in deiner Phantasie?" „Den gibt es auch in Wirklichkeit, es ist der schwedische Heldentenor Sven Anker Björnström. Ich habe ihn durch meine Freundin Daniela, Maskenbildnerin hier an der Oper, kennengelernt. Bevor ich mit den Zeichnungen anfing, nahm sie mich auf eine Verständigungsprobe zu Tristan und Isolde mit. Er war der einzige, der mich in diesem Ensemble wirklich in seiner Rolle überzeugte.

Gehst du mit mir zur Premiere von Tristan und Isolde?

Björnström singt übrigens demnächst auch den Lohengrin hier. Daniela könnte mir zwei Karten für den Tristan besorgen, trifft sich günstig, weil Robert sowieso noch auf Norderney ist.“

„Ein Opernbesuch könnte mir eigentlich nicht schaden, abgemacht Sue.“

Lisas flammendrotes Haar fiel in weichen Wellen ihren Nacken hinunter. Eine Brillantspange hielt es genau an der Stelle gefangen, wo es sonst ohne dieses blitzende Accessoire unweigerlich auseinander geflossen wäre, und sich wie Feuer über ihre weißen, schmalen Schultern ergossen hätte. Dieses prachtvolle Haar zog selbst noch im Halbdunkel des Theaterraumes begehrliche Blicke auf sich. Zart wirkte die Gestalt des seltsam bleichen Mädchens, mit den tiefen, eindrucksvollen Augen. Kerzengerade saß sie in ihrer Loge, beugte sich nur hin und wieder etwas vor, wobei sie durch ein Opernglas schaute.

Ihr zur Seite die Zwillingsschwester, fast genau so schön, genau so verletzlich wirkend. Und doch schien nur die eine unter der gewaltigen Musik Wagners emotional mit zu leiden, während die andere sich vollkommen entspannt ihrem Zauber hingab.

Flossen bei Sue still geweinte Tränen des Glücks die Wangen hinunter, zitterte Lisa wie Espenlaub unter der Süße dieser leidenschaftlichen Musik. Im Gegensatz zu Sue verstand sie nicht besonders viel von klassischer Musik, so erlebte sie das hier Dargebotene nur körperlich. Nicht die Sängerin dort auf der Bühne, sondern sie war nun die Isolde, die unter der anfänglichen Kälte und Gleichgültigkeit Tristans litt und sie hasste ihn dafür. Dann, als sie mit ihm gemeinsam den Becher geleert hatte, der eigentlich beider Tod bringen sollte, brannte ein lichterlohes Feuer in ihr. Dieses Mal wollte sie nicht ausweichen.

Voll würde sie sich der entflammten Lust entgegen werfen, die Stärke genießen, die ihr daraus erwuchs. Dann würde sie mit Tristan in eine andere Welt entfliehen. Wartete nicht auch auf sie in Paris ein älterer, ungeliebter Mann, sehnte sie sich nicht schon lange nach wahrer, hingebungsvoller Liebe.

Der Zwiespalt zweier Gefühlswelten zerriss ihr in diesem Augenblick des Erlebens das Herz.

Wie war es nur möglich, dass sie so lange ahnungslos dahin gelebt hatte. Sie jauchzte auf, als hätte sie die Ketten einer langjährigen Fron von sich geworfen. Wild warf sie sich der Logenbrüstung entgegen, krallte ihre weißen Hände in deren Polsterung und fiel dann laut stöhnend, einer Ohnmacht nahe, in ihren Theatersessel zurück. Glücklicherweise ging ihr ekstatischer Aufschrei am Ende des ersten Aufzuges im brausenden Applaus der anderen Zuhörer unter.

„ Mein Gott, Daniela, welch eine Vorstellung, hast du die kleine Rothaarige in der Loge rechts nicht gesehen?“ „Wen meinen Sie Herr Björnström, Sue oder Lisa.“ „Weiß ich, wen ich da meine, sag bloß, du kennst auch noch das hysterische Weib. Klebe die Perücke das nächste Mal nicht so fest, der Mastix reißt mir ja die Schläfen auseinander. Ich spreche von der mit den lockigen Feuerhaaren.“ „Dann ist es Lisa, die Zwillingsschwester meiner Freundin Sue, ich kenne sie nur flüchtig. Sie wohnt in Paris und ist Mannequin bei einem Modeschöpfer. Ein exzentrisches Mädchen, glaube ich, mit Sue nur äußerlich zu verwechseln. Soll ich sie Ihnen nachher vorstellen? „Bewahre mich vor so etwas, die bringt einen ja ganz durcheinander. Frauen dieser Art kann ich nicht ausstehen, das müsstest du doch eigentlich wissen. Solche Weiber kann man höchstens zum Prominieren auf der Kö mitnehmen. Femme fatale, keine Zeit für derlei Sperenzien, meine gute Daniela, gib mir lieber die Abschminke rüber.“

Daniela reichte dem Heldentenor Sven Anker Björnström das Gewünschte und fand, dass dieser Künstler zu den wenigen Männern gehörte, die auch sie interessieren könnten. Gerne sah sie ihm in der Garderobe zu, wenn er sich aus einem Tristan, Lohengrin oder Tannhäuser wieder in seine eigene Gestalt zurückverwandelte.

Die Theaterwelt verschonte sie nicht, wenn es darum ging, Realität und romantische Vorstellungen voneinander zu trennen. Ihr gelang das höchst selten und sie lebte mehr in einem irrealen Raum, sah die herrlichsten Masken und Verkleidungen vor ihrem geistigen Auge, während sie sich mit jemandem unterhielt. Vielleicht war sie deshalb so erfolgreich in ihrem Beruf als Maskenbildnerin und konnte es sich leisten, freiberuflich tätig zu sein.

Herrn Björnström kannte sie schon aus früherer Zeit, als sie selbst an der Stockholmer Oper einen Dreijahresvertrag angenommen hatte. Obwohl eine gewisse Vertrautheit zwischen ihnen entstanden war, hätte sie nie gewagt, von Liebe zu sprechen, oder auch nur daran zu denken. Nun lagen einige Jahre zwischen dem letzten Wiedersehen und jetzt. Sie stellte mit Erstaunen fest, dass sich ihre heimliche Verehrung in offene Bewunderung für diesen Schweden gewandelt hatte. Das lag aber mehr an seiner künstlerischen Ausstrahlung. Mit ihren Masken, die ihr in Fachkreisen schon Berühmtheit gebracht hatten, konnte sie eigentlich jeden Darsteller entscheidend verändern. Bei ihm fiel es ihr schwer. In den Rollen, die er verkörperte, blieb er es auch ohne ihre visagistische Veränderung.

Er beherrschte sein Minenspiel und wandelte es perfekt zum Himmlischen oder Teuflischen. Seine hünenhafte Gestalt gefiel ihr, weil sie Güte und Besonnenheit ausstrahlte. Obwohl er nicht mehr so jung war, bewegte er sich elastisch und hatte meist ein schelmisches Blitzen im Auge. Daniela wusste, dass er achtundvierzig Jahre alt war, doch ließ sie sich gerne von seiner Optik täuschen. Nie würde es anders sein, als dass sie in ihm den strahlenden, alterslosen Helden sah.

Er hatte Lisa also bemerkt und als hysterisches Weib bezeichnet und das traf zu, wenn sie ihrer Freundin Sue Glauben schenkte. Nur konnte Björnström nicht darüber hinwegtäuschen, dass Lisa ihn auch noch auf eine andere Weise beeindruckte. Sie selbst stand während seiner Auftritte an der Seitenbühne, ließ ihn nicht unbeobachtet.

Als Lisa am Ende des ersten Aufzuges in ihrer Loge aufschrie, wurde auch sie hellwach. Konnte Daniela von ihrer Position aus den Zuschauerraum auch nicht einsehen, wusste sie doch, wohin Björnström während der folgenden zwei Akte andauernd hinschaute. Er war für den Rest der Vorstellung nervös und das war ihr nicht entgangen, dafür kannte sie seine Reaktionen schon zu genau. Stimmlich merkte sie ihm nichts an, da hatte er sich in der Gewalt und sang fast noch schöner und vollkommener als sonst. Sie hatte manchmal gedacht, dass dieser ernste Mann wohl ein eigenartiges Leben zu führen schien. Umringt und umschwärmt, hielt er doch die Außenwelt weitestgehend von sich ab, lebte fast wie ein Einsiedler inmitten einer von Leben erfüllten Theaterwelt.

Für gewöhnlich feierten sie nach der Premiere noch in einem kleinen Künstlerlokal in City-Nähe und Daniela hatte sich schon lange darauf gefreut. Sie wollte Sue und ihre Schwester mitnehmen und sicher warteten beide schon am Künstlerausgang. Aber war das jetzt, da Björnström sich derart geäußert hatte, noch angebracht? Am besten würde es sein, wenn sie den Dingen ihren Lauf ließ und abwartete. „Wie steht es nun altes Mädchen, gehen wir noch auf einen Drink nachher?“

Er entschied es also. Sie musste nur noch schnell hinüber in die Garderobe der großen Janisch und ihr das Haar richten. Das hatte sie ihr schon vor der Vorstellung versprochen. Wie ungeschickt doch die großen Stars der Bühne waren, wenn es um ihre eigenen kleinen privaten Probleme ging.

Als sie bei Frau Janisch eintrat, rief diese ihr schon laut entgegen. „Nun mein Kind, waren Sie mit meiner Darbietung zufrieden?“ „Ich würde mir nie anmaßen etwas an Ihrer Stimme zu tadeln Frau Janisch, ich kann Ihnen versichern, gnädige Frau, augenblicklich kenne ich keine Hochdramatische, die Isolde besser darzustellen vermag.“ „Oh, sagen Sie das nicht, meine Liebe, ich fand meine Ausstrahlung auf Björnström heute Abend miserabel, trotzdem vielen Dank. Nun schauen Sie nur die vielen Blumen, die kann ich nicht alle mit in mein Hotel nehmen, wählen Sie für sich ein paar Sträuße aus und stellen Sie die in Ihre Wohnung. Was macht eigentlich Björnström noch?"

„Er ist jetzt sicher schon fertig umgezogen und wartet auf uns." „Mit mir könnt ihr heute Abend nicht mehr rechnen.

Sie brauchen mich auch nicht mehr zu frisieren, da ich mich gleich in die Falle werfe." „Aber Frau Janisch…." „Kein aber, ich bin hundemüde, man ist wohl doch keine Zwanzig mehr, der Wagner schlaucht einen ganz schön. Ich komme morgen Vormittag wegen der Perücke vorbei, sie sitzt nicht gut am Kopf und ich hätte sie beim Liebestod bald verloren.

Also Daniela, Gruß an alle, ich bin weg." „Gute Nacht, Frau Janisch."

Am Künstlerausgang warteten schon einige Verehrer. Beeindruckt und ein wenig unsicher, ob sie ihren Star nicht schon verpasst hatten, harrten sie geduldig aus. Die einen hofften auf ein Autogramm und drängten sich nach vorn, die anderen standen stumm in ihre Mäntel gehüllt und wollten wohl nur noch einmal ihren Tristan oder ihre Isolde an sich vorbei flanieren sehen. Sue und Lisa hatten sich auf Danielas Erscheinen konzentriert und atmeten erleichtert auf, als sie endlich aus der Tür trat. Sie befand sich in Begleitung Björnströms, der noch einige Autogramme verteilte und sie dann freundschaftlich einhakte.

Das Kumpelhafte in seinem Verhalten ihr gegenüber, hatte Daniela noch nie gestört.

Immer, wenn sie sich bei irgendeinem seiner Gastspiele zufällig begegneten, war das feste Band der Freundschaft noch intakt.

Darum nannte er sie auch manchmal „altes Mädchen" obwohl sie erst fünfunddreißig war und damit um etliche Jahre jünger als er.

Sie hatte sich nie fest an einen Mann gebunden. Ihr unruhiges Leben, das sie durch die halbe Welt trieb, ließ sie nicht auf solche Gedanken kommen. Während sie einen Weg durch die Menschenmenge bahnte, stockte ihr Herzschlag doch ein wenig, denn sie erkannte Sue und Lisa. Ihr war es, als ginge sie mit Björnström in eine Sackgasse hinein, an deren Ende sie unweigerlich aufprallen sollten. Sues leuchtender Pagenkopf nickte ihr freundlich zu.

Lisa aber, die ihre Lockenpracht unter einem silbergrauen Nerzcape halb verbarg, schien fremd und entrückt. In nicht verhohlener Weise verschlang sie den Schweden mit ihren Augen. Als sie dicht voreinander standen, streckte sie ihre kleinen behandschuhten Hände zu ihm hin. Nun musste etwas geschehen, eine Explosion, eine Unverschämtheit vielleicht, die nicht mehr rückgängig zu machen war.

Schon schlang sie ihre Arme um seinen Nacken und zog ihn fest zu sich herab. Da sie zierlich war, hing sie an ihm wie eine Feder und er presste seine Arme um ihre Taille, als wollte er sie nie mehr loslassen. Dann küssten sie sich. Es war, als hauchten sich zwei Menschen Leben ein.

Darauf zog Lisa ihren Tristan aus der Menschenmenge fort und lief mit dem verdutzt Wirkenden in die Dunkelheit hinein.

Das Künstlerlokal war brechend voll. Die Wirtin Charlotte, eine dicke Blondine, bahnte den Neuhinzukommenden einen Weg zum reservierten Tisch. Sie begrüßte ihre Gäste in ihrer burschikosen Art. „Hallo meine Freunde, lange nicht gesehen. Ich brauche wohl nicht zu fragen, wie die Premiere war, glanzvoll nehme ich an, kommt, die anderen warten schon.“ Daniela meldete sich zu Wort, „Wir hatten vorhin eine kleine Panne.“ „Wie, mit dem Auto?“ „Nein Charlotte, mein Wagen ließ mich noch nie im Stich. Es gibt Dinge zwischen Himmel und Erde, die selbst ich nicht verstehe. Herr Björnström verlief sich mit dieser Dame hier im Hofgarten, meine Freundin und ich mussten einige Mühe aufwenden, die beiden zu finden.“ „Na ja, bei einer Nacht wie dieser, “ winkt Charlotte lachend ab. „Wir dürfen sie nicht mehr aus den Augen lassen, sonst entwischen sie uns wieder, “ scherzte Sue. „Sei jetzt still“, zischte Lisa ihrer Schwester ins Ohr, „sonst passiert etwas.“

So drohend hatte sie Lisa selten sprechen hören. Auch wirkte die Zwillingsschwester ernster als sonst. Darum schwieg sie, bis alle den hinteren Tisch in dem schlauchartigen Lokal erreicht hatten. Außer Frau Janisch hatten sich alle dort versammelt, die am guten Gelingen der Premiere maßgebend beteiligt waren und befanden sich schon mächtig in Stimmung. Vor allem Bühnenbildner Georg, der jetzt bereits wieder einmal zu viel getrunken hatte, wurde leicht ausfallend.

Als er Sue und Lisa auf den Tisch zukommen sah, konnte er es sich nicht verkneifen, „Was habt ihr denn da bei euch Daniela, die zwei Weiber sehen ja aus wie Inzucht, ein Ei gleicht dem anderen, hi, hi.“ „Das sind Zwillingsschwestern, du Hornochse“, konnte man eine volltönende Bassstimme vernehmen.

„Ach, da ist ja auch der König Marke“, fuhr Lisa zusammen. Wo befanden sie sich hier nur, auf dem Schiff. Hatte sie Tristan am Theaterausgang und später im Dunkel des Parks wirklich geküsst. Sie presste die Hand eines Mannes, der ihr hier nicht mehr zu gehören schien. Wo waren die dankbaren Worte geblieben, die er ihr vorhin so zärtlich zugeflüstert hatte. Hier wollte sie fort und in Paris durfte sie gar nicht erst ankommen.

Dort wartete Pierre auf eine endgültige Entscheidung, aber seine Fragen gedachte sie nie mehr zu beantworten und schon gar nicht seinen Anweisungen folgen. Sie wusste, was sie nun beginnen wollte. Ihre Hand löste sich aus der des Mannes an ihrer Seite. Ach, da war ja auch Sue, oder war es Greta, die wie die Brangäne aussah und sie so mitleidig anschaute. Der Becher dort auf dem Tisch, oder war es ein Weinglas, daraus musste sie mit Tristan gemeinsam trinken.

Dann würde alles wieder gut sein und die störenden Menschen um sie herum verschwanden vielleicht auf immer. Ja, sie irrte sich nicht, Tristan schaute sie befremdet und misstrauisch an. „Brangäne, gib mir bitte aus meinem Täschchen eine Tablette.“ „Was sagst du Lisa, ich bin es Sue. Was ist mit dir, du bist ja ganz durcheinander.“ „Ja, ja, gib mir nur, ich habe fürchterliche Kopfschmerzen, weißt du.“ „Was sind das für Tabletten?“„Nur zur Beruhigung, die hat mir der Arzt verschrieben, mach schnell, ich halte das nicht mehr lange aus.“ „Du kannst einen wirklich erschrecken Lisa.“

Sue öffnete das silberne Täschchen ihrer Schwester und reichte ihr das verlangte Pillendöschen diskret unter dem Tisch.

„Möchtest du ein Glas Wasser?“ „Nein, es geht schon mit Wein.“ Mit fahrigen Händen entnahm Lisa zwei Tabletten, die sie dann in ihr Weinglas gleiten ließ. Kleine Bläschen bildend, lösten sie sich langsam auf, dann prostete sie Björnström, der neben ihr saß, zu und leerte das Weinglas bis zur Hälfte.

Das Glas in der Hand haltend, hob sie ihren Arm, wie zum Bruderschaftstrunk zu ihm empor und forderte ihn schnell zum Trinken auf. „Tod uns beiden“, flüsterte sie kaum hörbar und lächelte dabei.

Nun gehörte Tristan ihr ganz. Es würde nicht mehr lange dauern bis die Wirkung einsetzte. Bei ihm ging es sogar noch schneller, da er diese Designerdroge nicht gewöhnt war.

In Paris trieben sie damit ihre Spielchen, wenn sie gar nichts anderes mehr zu tun wussten. Man hatte nur einen Katzenjammer danach, wenn es vorbei war. Er würde sicher trotzdem nichts merken und sich richtig in sie verlieben. Hier wollte sie mit niemandem spielen, wenn das auch keiner begreifen würde, außer Sue vielleicht, aber die war ja auch jetzt für alles verantwortlich, was geschah.

Niemals zuvor hatte sie sich derart nach einem Mann verzehrt und sie wollte lieber sterben, als weiterhin so inhaltslos leben. Nur eine gemeinsame Nacht mit ihm, würde ihr genügen, um tausendfach lebendig zu sein. Hatte sie nicht auch sein Herz geweckt, als sie den ersten Kuss austauschten. Allmählich verschwammen die Konturen der um sie Herumsitzenden und nahmen sanfte unwirkliche Formen an. Sie schwebte in einem rosa Schleier, der sie wallend umhüllte.

Noch war sie darin allein und suchte das Antlitz ihres Geliebten.

Dann endlich erkannte sie seine Augen, diese einsamen, brennenden Augen. „Tristan mein Liebling, Isolde wartet, nun endlich kommst du ganz zu ihr.“

Während Lisa in Trance nur auf Björnström starrte, ein verzerrtes Lächeln um den Mund, sackte der Schwede auf seinem Stuhl zusammen und lallte vor sich hin. „Den hat es heute aber mächtig mitgenommen“, stellten einige der Kollegen fest.

Die herbeieilende Charlotte bemerkte nur, „Ja, ja der Alkohol“ und brachte gleich ein nasses Tuch mit, das man Björnström in den Nacken legte. Was sich alles um sie herum vollzog, berührte Lisa gar nicht.

Sue, die ihre Schwester in den letzten Minuten beobachtet hatte und deren Gedanken kannte, wie niemand sonst, ahnte Schlimmes. Sollte Lisa doch wieder ihrer alten Sucht, dem Rauschgift verfallen sein, was für Tabletten hatte sie überhaupt in deren Wein getan? Ja natürlich, so musste es sein. Lisa spielte mit Björnström Tristan und Isolde.

Sie tauschte mit ihm das präparierte Weinglas aus, um auch ihn in einen Rausch zu versetzen. Welches Gleichnis zum Liebestrank. Damit machte Lisa sie zur Mitwisserin ihrer bösen Tat. Was sollte nun geschehen, ohne dass Sue sich in noch weitere Schuld verstrickte. Sie durfte ihre Schwester nicht preisgeben, nein, nicht hier in dem bekannten Lokal. Kein Mensch konnte derartiges von ihr verlangen.

Das Bild des elterlich brennenden Hauses, wuchs in diesem Augenblick übergroß vor ihr auf. Da hatte sie Lisa im Stich gelassen, wenn es auch nur aus Angst um das eigene kleine Leben geschehen war. Nein, niemals würde sich etwas dieser Art wiederholen, das musste auch Robert verstehen, dessen Rat sie gerne eingeholt hätte.

Nun versuchte Sue, Lisa fest zu sich heranzuziehen, so, als könnte sie ihr damit etwas gesunden Menschenverstand zurückgeben. Lisa wehrte sich gegen ihre Schwester mit abweisendem Blick und völlig erstarrter Haltung. Daniela, die vollauf mit

Björnström beschäftigt war und ihn zu stützen versuchte, warf ihrer Freundin einen verzweifelten Blick zu.

Dann fasste sie einen schnellen Entschluss und erhob sich abrupt, indem sie sagte, „Sue, ich hole jetzt meinen Wagen. Kannst du gemeinsam mit Charlotte die beiden vor die Tür bringen?

Die anderen hier sind schon zu angetrunken, als dass man mit ihnen noch ein ernstes Wort reden kann, geht das.“

Schnell verließ Daniela, ohne eine Antwort abzuwarten das Lokal, um ihren Wagen vorzufahren. Die resolute Charlotte packte Björnström unter die Arme und zog ihn, schwer wie ein Stein vom Stuhl. Als sei das ein Signal für Lisa gewesen, erhob auch sie sich mühsam. Steif, wie eine aufgezogene Puppe, folgte sie Björnström, der mit Hilfe der beiden Frauen nach draußen wankte.

Während Sue den Kamin in ihrem Haus zum Brennen brachte, dachte sie, dass alles schon gar nicht mehr so schlimm aussah. Als sie heimfuhren, saß Lisa mit Björnström im Fond und beide schienen sich langsam aus der Verkrampfung zu lösen. Sie sprachen sogar wieder miteinander. Was sie sich erzählten, klang gehetzt und war so leise, dass man nichts verstehen konnte. Sue wagte es nicht, sich umzuwenden, obwohl es in ihrem Rücken, während der kurzen Fahrt, förmlich zu knistern schien.

Nach diesem ereignisreichen Abend überhaupt noch einen klaren Gedanken zu fassen, wurde ihr unmöglich. Auch Daniela, die den Wagen fuhr, verhielt sich unsicher und irritiert.

So schwiegen sie beide vom peinlichen Geflüster hinter sich bis zum Zerspringen genervt. Was war nun eigentlich alles geschehen? Es fing an mit der Premiere von Tristan und Isolde. Nein, an sich schon drei Tage davor, wo sie Lisa im gleißenden Sonnenlicht mit ihrem Zeichenstift als Isolde auf das Papier bannte und ihr dann die tragische Geschichte dieses Liebespaares erläuterte. Sie hatte nicht an Lisas überspannte Phantasie gedacht, im Eifer der Arbeit vergessen, dass diese nun vielleicht ihre eigene Version daraus machen würde.

Man musste bei Lisa immer mit dem Unvorhergesehenen rechnen und durfte sie eigentlich nie unbeobachtet lassen, jedes Wort das sie sprach, konnte eine andere Bedeutung haben, war von Raffinesse und Lüge durchsetzt. Seltsam, das waren doch nicht ihre Gedanken über die Schwester, sie liebte und verstand sie doch immer.

Robert, ihr Mann, der hatte sich schon mehrfach negativ über Lisa geäußert. Warum fiel ihr das gerade jetzt ein? Jedenfalls hatte sie nicht daran gedacht, als sie Lisa ihre Zeichnungen über Tristan und Isolde erklärte und ihr darin einen Platz anwies, sie in ihrer Begeisterung zur Hauptakteurin ihres dargestellten Dramas machte. Schon da musste Lisa den Gedanken gefasst haben, sich in Tristan zu verlieben.

Die Geschichte gefiel ihr. Spielerisch, wie sie sich nun einmal gab, wollte sie diese für sich zum Leben erwecken.

Greta war Brangäne, Robert König Marke, sie selbst die Isolde und Tristan war der unbekannte Mann, den sie um jeden Preis erobern musste, und sie, Sue war die Verführerin, die mit ihrem Zeichenstift die Regie übernahm.

Welch eine Tragödie, so lebensnah, so bedrohlich!

Sue hätte sich schon besser gefühlt, wäre ihr Mann dagewesen. Hier musste ein Mensch durch Überlegenheit die Oberhand gewinnen und alles neu ordnen. Selbst Daniela hatte ja ihre Fassung verloren. Wo blieb sie so lange? Sie wollte doch nur etwas Sprudel aus dem Eisschrank holen.

Was sollten sie nun mit den zwei entrückten Menschen dort auf der Couch anfangen. Endlich kam Daniela aus der Küche. Sie schien geweint zu haben, denn sie schüttelte sich noch vom Schluchzen. „Sue, sag mir eines, warum hat deine Schwester Björnström am Theaterausgang geküsst?“ „Ich kann es dir später erklären Daniela, jetzt noch nicht.“

„Er erwiderte ihren Kuss so, als würde er sie schon kennen. Vorher, in seiner Garderobe sagte er noch, sie sei ein hysterisches Weib und derartige Frauen würden ihn nicht interessieren.

Er hat sie nämlich schon während der Vorstellung beobachtet. Das kam durch ihren Aufschrei nach dem ersten Akt. Man konnte sie bis zur Seitenbühne hören. Wir hatten alle Angst, dass sie die Premiere weiterhin stört, man hätte sie aus der Loge entfernen sollen."

„Du bist ja nur eifersüchtig, Daniela." „Ich gebe zu, dass mir die Schmuserei dahinten auf der Couch allmählich auf die Nerven geht, vor allem kann ich Björnström nicht verstehen."

„Wieso, darf er sich nicht in eine Frau verlieben, wenn du in der Nähe bist, sei nicht albern." „Eines versprech ich dir Sue, wenn hier irgendeine Schweinerei im Spiel ist, komme ich dahinter, auch ohne dein Dazutun. Ich hätte Björnström besser zum Arzt gebracht, als zu dir nach Hause, schau ihn dir nur an. Er sitzt da mit deiner Schwester wie ein blöder Esel und turtelt mit ihr rum. Das sehe ich mir nicht mehr länger an, das ist nicht er, wie ich ihn kenne. Willst du ihn auch noch hier schlafen lassen?" „Es wird mir wohl nichts anderes übrig bleiben, schau Daniela, es geht ihm doch schon wieder recht gut, er lacht sogar und scherzt mit Lisa herum, mach nicht ein solches Gesicht." „Tut was Ihr wollt, ich sehe mir das Schauspiel nicht länger an, adieu!"

Sue hatte ihre Freundin noch nie so erzürnt und enttäuscht gesehen wie an diesem Abend, als sie entrüstet das Haus verließ. Noch ahnte sie nicht, dass auch sie bald der Situation nicht mehr gewachsen sein würde.

Nachdem Daniela gegangen war, bekam Sue doch Angst vor der Verantwortung. Während sie das Gästezimmer herrichtete, überlegte sie, was nun zu tun sei. Sie musste das Paar schnellstens hier herausbekommen, damit sie sich ausschlafen konnten und morgen früh sah dann schon alles anders aus. Vielleicht würde sich klären, was ihr nun auch so unheimlich wurde. Nachdem sie das Bett frisch bezogen hatte, ging sie hinunter und nahm sich vor, so ungezwungen wie möglich zu scheinen. Björnström schlief schon halb und Lisa hielt ihn im Arm.

So flüsterte sie leise ihrer Schwester zu, „geht jetzt lieber ins Bett Lisa, es ist spät, komm ich helfe dir, ihn nach oben zu bringen, morgen sehen wir weiter.“ Sue konnte nicht einschlafen, war sie nicht Frau Lahay, deren Leben bis jetzt in geordneten Bahnen verlief. Wilde Phantasien quälten sie, ließen sie wieder zu dem kleinen Mädchen werden, das sich am liebsten in seiner phlegmatischen Welt verkroch. Wie war das noch mit ihrer zwiespältigen Seele, in deren Hälfte die Zwillingsschwester wohnte. Wer liebt, der kann auch hassen. Welchen Teil ihrer Seele liebte und welchen hasste sie eigentlich?

Wo hörte die Lisa auf und wo begann die Sue, und was hatte überhaupt ihre ältere Schwester Greta mit dem ganzen zu tun? Sagte nicht Lisa, sie ähnelt der Brangäne in ihren Illustrationen, das stimmte doch gar nicht. Greta war in einer derartigen Rolle gar nicht denkbar, sie hätte die Schwester nie gedeckt oder geschützt, wie sie, Sue es immer getan hat.

Nein, da lag ein gewaltiger Irrtum vor. Wie gehetzt stieg Sue nun aus ihrem Bett, lief durch das schlafende Haus in den Garten hinaus, vorbei an den Treibhäusern Roberts, stürzte in ihr Atelier, um noch einmal letzte Gewissheit zu erlangen.

Fast strafend traf sie der Lichtstrahl, als sie die Tagesleuchte über ihrem Zeichentisch anknipste. Nun sah sie, was sie schon wusste, nicht Greta, sie war die Brangäne ihrer Zeichnungen.

Sich selbst hatte sie die Rolle der engsten Vertrauten Isoldes auf den Leib geschrieben. Ganz zart und empfindsam zeichnete der Kohlestift die Konturen ihres eigenen Gesichtes. Gütig und mitleidsvoll blickte Brangäne auf ihre Herrin Isolde und reichte ihr statt des Todestrankes den Liebestrank, mein Gott, nicht schon wieder diese Vorahnungen. Hatte sie die Zwillingsschwester heraufbeschworen, als sie die leere Stelle ihres Zeichenblattes nicht zu füllen vermochte.

Wie ein Dieb in der Nacht war sie in ihr Atelier gestürzt. Nun floh sie den Ort, der ihr wie eine Stätte des Verbrechens schien. Leicht knirschte der Kies unter ihren nackten Füssen. Sie wagte nicht aufzuschauen in das Zimmer dort oben, wo sicher noch das gedämpfte Licht brannte und Isolde ihren Tristan leidenschaftlich umarmte. Hastig griff sie zum Telefon und wählte eine Nummer, die sie von einem Zettel ablas. Kaum meldete sich ihr Mann am anderen Ende der Leitung, als sie auch schon lossprudelte.

„Robert, ich bin es, Sue, kannst du schnell nach Hause kommen?“ „Was ist Schatz, du rufst mich so spät in der Nacht noch an?“ „Ich kann dir jetzt nichts erklären, komm bitte so schnell du kannst, ja?“ „Bist du krank, Sue?“„Nein, doch, ich glaube schon.“ „Was ist dir Liebes, bist du denn allein im Haus?“ „Sie schlafen schon beide.“ „Was meinst du mit beiden?“ „ Das kann ich dir ja eben nicht erklären Robert, komm bitte.“ „Wecke zum Donnerwetter Lisa auf, wenn du dich schlecht fühlst, was macht denn Jan?“ „Mit Jan ist nichts.“ „Ich versteh dich nicht.“ „Robert, das Haus ist umringt von Feinden, die uns umbringen wollen. Ich bin die Vertraute von Isolde, weißt du, kann aber nicht länger Wache halten. Tristan und Isolde müssen sterben, wenn du dich nicht beeilst. Noch ahnen sie nichts von dem Unheil, das sie bedroht, aber ich weiß, dass es naht.“ „Hör zu, Sue, nimm eine Schlaftablette und leg dich zu Bett. Morgen früh kommt Sahra um Jan zu versorgen, schlafe am besten solange du kannst, mach dir keine Sorgen, es wird schon alles gut. Sei jetzt ganz ruhig, ich bitte dich, wenn du morgen aufwachst, bin ich vielleicht schon bei dir, ich fahre sofort los, schaffst du das?“ „Ja Robert, ich will versuchen zu schlafen, doch sage ich dir noch einmal, sie werden dir alles verraten König Marke und ich muss dir dann gestehen, wodurch Brangäne schuldig wurde.“ „Hör auf Sue, du machst mich wahnsinnig, wenn du so weiter redest, also ich bin bald bei dir, leg dich nun zu Bett, okay?“

Totenbleich, am Ende ihrer Kraft, ließ Sue den Hörer auf die Gabel fallen und schleppte sich in ihr Schlafzimmer.

Mechanisch nahm sie eine Tablette und fiel etwas später in einen fast ohnmächtigen Schlaf.

Robert Lahay war nach dem Telefongespräch mit seiner Frau außer sich. Was geschah während seiner Abwesenheit im Haus? Sue blieb doch sonst so vernünftig und selbständig. Als er vor drei Tagen von zu Hause fortfuhr, befand sie sich in bester Verfassung. Selbst mit Lisa schien nach Sues vorherigen Telefonaten ausnahmsweise alles ausgeglichen und fröhlich zu sein.

Nun musste aber dort der Teufel los sein.

Schnell nach Hause fahren, blieb sein einziger Gedanke und die starke Liebe, die ihn mit Sue verband, machte alles noch unerträglicher. Tristan, Isolde, Brangäne, König Marke, welches Spiel wurde hier gespielt, was hatten die wirren Worte seiner Frau zu bedeuten. Wie konnte sie nur in einen derartigen Zustand geraten? Lisa und Sue, die Unzertrennlichen, brachen alte Wunden auf, die er schon längst geheilt glaubte. War es einmal wieder so weit, dass Sue sich über das Maß für ihre Zwillingsschwester verantwortlich fühlte und darunter litt.

Regen prasselte gegen die Windschutzscheibe seines Wagens, den er in schnellem Tempo vorantrieb. Er zermarterte sich sein Gehirn, um irgendeinen sinnvollen Anhaltspunkt zu finden.

Sie wollten ins Opernhaus gehen, gab es da nicht Tristan und Isolde oder war es eine andere Wagneroper? Seine Arbeit ließ ihm wenig Zeit für Kulturelles und er bedauerte es nun mehr denn je. Ja, mit diesem Opernbesuch musste die fürchterliche Verwirrung seiner Frau zusammenhängen.

Robert Lahay trieb sein Auto an, als hätte er statt des Steuers eine Peitsche in der Hand. Jede Sekunde schien ihm kostbar. Es ging um Leben und Tod, das hatte seine Frau zu ihm gesagt und er glaubte in der Finsternis einer regennassen Nacht daran.

Als Sue widerstrebend erwachte, spürte sie, obwohl sie ihre Augen noch geschlossen hielt, dass sie nicht allein in ihrem Zimmer war. Das empfand sie als störend und drehte sich gequält im Bett herum. Wenn sie die Augen nun öffnete, würde sie wieder die alte Sue Lahay sein müssen. Konnte sie dem neubeginnenden Tag überhaupt noch eine Chance geben, wollte sie das, nach allem was geschehen war. Noch stand sie auf der Schwelle zwischen Traum und Wirklichkeit und konnte sich für das eine oder andere entscheiden.

Was dachte sie denn da, es war doch gar kein Traum, nur ein bleierner Schlaf trennte sie von der Wahrheit.

Brangäne war die getreue Dienerin Isoldes, so wie Sue die Sklavin Lisas bleiben würde. Sie fühlte sich erbärmlicher als der unfreieste Mensch. Wenn sie nun in den neuen Tag hinein blinzelte, würde die alte Schuld wieder vor ihr stehen. Man kann den Dingen die verschiedensten Namen geben, sie bleiben doch das, was sie sind. Je klarer nun die Gedanken wurden, desto mehr schreckte sie davor zurück.

Es musste Robert sein, der sich nun so sorgend über sie beugte. Diese feste Hand, die kannte sie doch nur zu gut. Nun schlug sie die Augen auf und es schmerzte darin, als ob Messerstiche in sie hineinfuhren. Sie zwang sich zu einem Lächeln, ihre Mundwinkel verzerrend.

Dann flüsterte sie, „ach Robert, ich war dir so fern und bin es wohl noch." Robert Lahay ergriff nun beide Hände seiner Frau und hob sie aus den Kissen zu sich heran. Seiner Stimme kaum mächtig, erwiderte er, „das stimmt nicht Sue, denn du hast in der vergangenen Nacht nach mir gerufen. Nun bin ich da und alles wird gut." „Glaubst du das?" „Ja, ganz bestimmt, mein Engel." „Ein Engel, der bin ich fürwahr, nur wachsen mir manchmal auch Hörner. Du musst mich ganz festhalten Robert, sonst schwebe ich dir noch davon, obwohl ich das gar nicht möchte. Lisa ist…" „ Was ist mit Lisa?" „Sie ist doch meine Schwester und ich darf sie nicht im Stich lassen." „Ich weiß, das alte Lied von Zwillingen, du musst versuchen, dich von ihr zu lösen."

„Das will ich ja und kann es nicht." „Glaub mir, Lisa ist nicht so wie du denkst, begreif das endlich, sonst werde ich es dir beweisen müssen." „Nein Robert, du verstehst mich nicht, Lisa ist viel hilfloser, als du es nur ahnst." „Sue, wenn ich Dir nicht helfen kann, wird es niemand anderer mehr schaffen.

Ich werde nicht aufhören, die wahre Sue für dich und mich herauszufinden, bis auch du klar erkennst, dass es viel besser ohne Lisa geht. Waren wir nicht fast schon so weit." „Ja, ja ich dachte das auch, bis zur letzten Nacht, lass es dir erklären." „Nein, sag jetzt nichts, später vielleicht." „Dann ist es zu spät, für alles, du musst mir zuhören Robert. Es gibt Tristan und Isolde unter unserem Dach." „Du meinst, Lisa und einen Mann?" „Was weiß ich, was ich meine, zwei Menschen lieben sich in unserem Haus, hast du sie nicht gesehen?" „Im Gästezimmer war ich auch schon, wenn du davon sprichst. Dort fand ich nur einen Zettel, hier." „Was steht darauf?" „ Weißt du es nicht selbst, es ist doch deine Handschrift." „Meine Handschrift?" „Natürlich, sag nur, ich weiß nicht mehr wie du schreibst." „Du verstehst wirklich gar nichts Robert." Hektisch ergriff Sue den Zettel, las und flüsterte mehr zu sich selbst, „sie haben Vollendung gesucht und gefunden, nun sind sie frei. Wie schön, sie werden sich nie mehr voneinander trennen müssen." „Was faselst du da Sue, wo ist Lisa nun eigentlich, wenn nicht in unserem Haus?" „Verstehst du denn noch immer nicht, hier lies doch, sie sind auf und davon, in der Nacht vielleicht oder erst heute Morgen, du lässt dir ja nichts erklären." „Die komödiantenhaften Auftritte deiner Schwester sind mir allerdings bekannt, wenn du das meinst." „Mein Gott, Robert, etwas Ungeheuerliches ist geschehen und du willst mir nicht glauben. Frag doch Daniela, ob wir Besuch hatten. Lisa schlief hier bei uns in der letzten Nacht mit dem schwedischen Sänger Sven Anker Björnström. Sie liebt ihn. Sie hat ihn gestern Abend in der Oper, nein, schon vorher auf meinen Illustrationen als Tristan gesehen.

Sie ist Isolde, verstehst du noch immer nicht. Nun sind beide nicht mehr im Haus, wie du ja selbst sagtest. Wer weiß, ob sie noch leben, wenn etwas passiert ist, bin ich schuldig, weil ich nicht besser aufgepasst habe, weil ich einschlief, anstatt zu wachen. Brangäne hat alles eingerührt und dann blieb sie nicht wachsam genug." „Wenn ich dir helfen soll Sue, musst du mir jetzt einmal ganz genau zuhören. Lisa und der angebliche

Sänger sind nicht mehr im Haus, was auch immer deinen Geist verwirrt haben mag, es existiert nicht wirklich. Deine Schwester Lisa ist eine verrückte, exzentrische Frau mit der gefährlichen Neigung, dir weh zu tun, wo immer sie kann.

Dich hasst sie, weil du besser, begabter bist als sie. Deine Kunst, deine Phantasie nutzt sie für übelste Zwecke aus.
Begreife endlich, dass du dich von ihrem Einfluss lösen musst, nimm an, sie ist mit ihrem Liebhaber auf und davon.

Was darf es dich kümmern, sieh sie doch endlich einmal so, wie sie wirklich ist. Aber ich werde dir handfeste Beweise bringen, dir vielleicht einen bösen Kindertraum zerstören müssen, an dem du ja offensichtlich noch zu hängen scheinst." „Aber Robert, ich muss doch immer für Lisa da sein. Sie braucht mich mehr als alles andere auf der Welt." „Ja, ja deine Schuldgefühle, du wirst schon sehen, sie zerplatzen bald wie eine Seifenblase."

Hörte Sue ihrem Mann eigentlich zu, während er auf sie einsprach? Wahrscheinlich nicht.

Mit trägem Blick starrte sie vor sich hin und bot ihm ein trauriges Bild. Dann sagte sie leise, „Wir müssen Lisa suchen lassen." Robert hätte darauf noch viel zu sagen gehabt. Mit fachmännischem Blick erkannte er, dass der Zustand seiner Frau kein weiteres Wort mehr erlaubte. Er nahm sich vor, einigen Dingen auf den Grund zu gehen.

Mehrere Wochen verstrichen und noch immer konnte Sue sich nicht von ihrem traumatischen Zustand lösen. Sie lebte in einer anderen Welt, in einer von Sagen umwobenen Wirklichkeit. Ließ sie auch in ihren häuslichen Verpflichtungen nicht nach, spürte jeder, dass etwas nicht mit ihr stimmte. Bald mied man ihre Nähe und selbst ihr Söhnchen konnte sie nicht mehr verstehen. Auch ihre Freundin Daniela hatte mit ihr zu reden versucht und musste es bald aufgeben. Robert war der einzige Mensch, den Sue um sich haben konnte, der sie nicht störte.

So oft es ihm seine Zeit erlaubte, saß er stumm bei ihr und lauschte ihren wirren Worten.

Er hatte Nachforschungen, auch ihre früheste Jugend betreffend, angestellt und baute ein Puzzle zusammen, das für seine Frau recht traurig aussah. Sie hatte in ihrem Leben immer zu viel Rücksicht genommen, auf die Schwestern, die Eltern und auch auf ihn. Ja, er wollte sich selbst dabei nicht ausnehmen. Sein Beruf und sein Charakter forderten ebenfalls mehr, als sie vielleicht verkraften konnte. Ob sie sich jemals wieder aus ihrer Spannung lösen würde, vermochte auch er nicht zu sagen. In ihren Ängsten flüchtete sie vor allen Menschen und duldete seine Gegenwart nur, weil er sie erzählen ließ und zuhörte. Er brauchte schon seine ganze Kraft, um an die Genesung seiner Frau zu glauben. Sie war innerlich wie zerbrochen. Manchen Tag ging es ganz gut, doch meistens folgte darauf ein Sturm.

Dann war sie wieder Brangäne, sah in ihm den König Marke, dem sie mit schlechtem Gewissen gegenüberstand. Auch malte und zeichnete sie zwischendurch, das schien ihr sehr gut zu tun. Allerdings brachte sie eigenartige Bilder zustande. Immer wurde es die Schwester, hinter deren Gestalt sie sich undeutlich und schemenhaft in vielerlei Masken darstellte. Robert schien es, als wolle sie sich damit tarnen oder auch schützen.

Eines Tages traf ein Brief von Lisa, in Stockholm abgestempelt, ein mit folgendem Inhalt:

„Liebste Schwester, längst ist die anfängliche Verzauberung verklungen und doch sind Sven Anker und ich das glücklichste Paar auf Erden. Seit damals in dem Künstlerlokal machten wir nie mehr Gebrauch von gewissen Tabletten, auch ich nicht. Sven Anker weiß bis heute noch nichts von der kleinen List, die ich anwendete.

Hast du meine Zeilen im Gästezimmer vorgefunden? Verzeih bitte, es ging nicht anders als mit dieser kurzen Nachricht.

Wir überlebten die erste Nacht in deinem Haus, wenn ich dir auch nicht sagen kann, wie wir das schafften.

In panischer Angst Sven Anker zu verlieren und unter Einfluss des Vorhergegangenen, war ich wie von Sinnen. Waren wir also betäubt von dem Gift meiner kleinen Tabletten, verließ mich die Wirkung schneller als ihn, du weißt warum. So bekam ich bald Sorge um seinen Gesundheitszustand, denn er litt schrecklich unter seinem Rausch. Seufzend und stöhnend lag er in meinen Armen. Er sehnte sich nach mir und wollte sterben. Er sprach von einer unsichtbaren Sonne, die ihn zu versengen schien. Wie ein Verschmachtender suchte er an meinem Körper Halt. Schon graute der Morgen durch die Jalousien der Fenster, erinnerte uns an das Ende. Glaube mir, wir waren dem Tod näher als dem Leben. In unserer Verzweiflung beschlossen wir zu fliehen, wohin, das wussten wir nicht. Wir wollten dem beginnenden Tag ausweichen und liefen direkt in ihn hinein. Ich will dich verschonen mit der Odyssee unserer Gemüter. Längst ist alles ausgestanden und die Legende von Tristan und Isolde hat sich nicht an uns erfüllt, obwohl du es sicher gerne gesehen hättest, da du uns schon in deinen Zeichnungen einen Platz einräumtest. Hoffentlich nahmst du die ganze Angelegenheit nicht zu ernst. Es war ein Spiel, das du einleitetest. Ich bekam dadurch den Mann meines Lebens. Die listige Lisa, wirst du nun denken, sähest du doch nur, wie glücklich wir hier miteinander leben, du könntest endlich beruhigt sein. Wir wohnen etwas außerhalb von Stockholm. Sven Ankers Heimat ist zauberhaft und ich habe mich gut eingelebt. Natürlich begleite ich ihn auf all seinen Tourneen.

Bis bald, deine Schwester Lisa."

Nachdem Sue das Schreiben ihrer Schwester gelesen hatte, übergab sie es wortlos ihrem Mann. Der Brief löste keinerlei Freude in ihr aus. Eher schien sie enttäuscht zu sein, als hätte sie etwas anderes erwartet, oder auch etwas anderes herausgelesen. Für ihren Mann waren die Zeilen Lisas nichts weiter als pathetische und gekünstelt abgefasste Phrasen einer überspannten Frau, die gerne log und sich wichtigmachte.

Sollte Lisa tatsächlich geheiratet haben, war es sicher das Beste für sie, obwohl er den Ehemann jetzt schon bedauerte.

Seltsam fand er, dass sie keine Adresse angegeben hatte. Also wartete sie auch nicht auf Antwort. Robert schien es nun an der Zeit, seiner Frau reinen Wein über Lisa einzuschenken.

Sue durfte sich nicht länger quälen. Die kürzlich gemachte Berlinreise eröffnete ihm interessante Neuigkeiten. Besonders aufschlussreich war das Gespräch mit dem Berliner Psychotherapeuten, der die Zwillinge damals, nach dem Feuerausbruch im Elternhaus, behandelt hatte.

Wenn auch niemand aus dem vertrauten Kreis Sue bei Verstand wähnte, empfand sie sich dennoch nicht so. Sie hatte in ihrem Leben einen großen Fehler begangen, den, der Zwillingsschwester alles nachzulassen. Darin sah sie ihre große Schuld, daraus erwuchs ihr nun Erniedrigung und Leid.

Kapselte sie sich jetzt von der Umwelt ab, war es, weil sie Atem schöpfen musste, viel Atem schöpfen, um den Marathon ihrer Gefühle zu durchlaufen. Jetzt fühlte sie sich von Lisa im Stich gelassen, Schuld daran war nicht nur der Brief, schon vorher, als Lisa ihr Haus so fluchtartig verlassen hatte, ihr damit eine neue Bürde der Verantwortung auflegte, war es nicht mehr wie sonst. Dieser alberne Zettel, den sie mehr als genug in ihren Fingern gedreht hatte, dem sie kein Geheimnis oder ein schwesterliches Codewort aus den eilig darauf hingeschmierten Worten entnehmen konnte, brachte sie nicht weiter.

Tristan und Isolde, das hatte sie doch selbst erdacht, ihre bildnerische Schaffenskraft damit beflügelt. Lisa verstand nichts von Musik oder Malerei, noch machte sie sich etwas aus Mythen und Sagen. Robert hatte recht. Die Zwillingschwester wollte sich nur einen Mann angeln und benutzte sie dazu, dieser Liebschaft einen romantischen Anstrich zu verleihen. Oh ja, Sue hatte stets so viel Verständnis für die Extravaganzen Lisas, fand sich gefühlvoll ein, als hätte sie nicht auch ein eigenes Leben zu führen. An frühere Situationen mochte sie jetzt noch nicht denken.

Robert deutete ihr einiges an und sie scheute mit Scham und Ekel vor neuen Erkenntnissen zurück. Was wurde aus ihrer großen schwesterlichen Liebe, wenn sie erst einmal derart erschüttert war. Sie wollte Lisa nicht für den Rest ihres Lebens hassen müssen, denn das wäre genauso schlimm. Erst einmal musste sie sich von allem zurückziehen, um neu beginnen zu können.

Die Maskenbildnerin Daniela saß in der Kantine des Düsseldorfer Opernhauses und konnte nicht fassen, was sie nun schon in der Morgenzeitung las. Björnström sollte wieder kommen, dieses Mal als Gast für die Partie des Lohengrins. Obwohl er damals noch eine Vorstellung von Tristan und Isolde zu singen hatte und einfach wegen Indisponiertheit absagte, nahmen sie ihn trotzdem jetzt wieder.

Nun ja, auf einen brillanten Sänger wie ihn verzichtete so schnell kein renommiertes Opernhaus. Zu der Zeit fiel es ihr jedenfalls nicht schwer, an eine tatsächliche Indisponiertheit Björnströms zu glauben, denn sie erinnerte sich noch deutlich des letzten gemeinsamen Abends im Hause ihrer Freundin Sue Lahay.

Robert hatte sie mittlerweile über die mysteriösen Zusammenhänge des Zwillingspaares aufgeklärt und nun begriff Daniela wenigstens etwas mehr, auch vom neuerdings seltsamen Verhalten ihrer Freundin. Ebenfalls kannte sie den Inhalt des Briefes Lisas und begriff nicht, dass ein Mann wie Björnström eine derartig veranlagte Frau heiraten konnte. Dieses raffinierte Weibchen schaffte es tatsächlich, den von ihr bewunderten Sänger unter die Haube zu bekommen. Bald würde Daniela ihren Angebeteten wieder sehen, ihn für seinen Auftritt schminken und frisieren, als sei nie etwas anderes geschehen.

Auch Sue hatte die Morgenzeitung gelesen. Was sie daraus erfuhr, brachte trotz aller guten Vorsätze hektische Röte in ihre Wangen. Robert, der ihr am Frühstückstisch gegenübersaß, bemerkte die Lebhaftigkeit seiner Frau. „Was ist geschehen, dass du dich derart erregst.“ „Hier, lies nur, Björnström kommt nach

Düsseldorf, sicher wird Lisa ihn begleiten. Warum rief sie mich nicht schon an, sie könnten doch wieder bei uns wohnen, findest du nicht auch?" „Natürlich könnten sie das, Sue. Ich glaube aber nicht, dass es in ihrem Interesse liegt.

Ich halte es auch für besser, wenn Lisa dich nicht in diesem Zustand sieht, außerdem müsste ich deiner Schwester dann ein paar sehr unangenehme Dinge unterbreiten." „Wie meinst du das Robert, lass Lisa in Ruhe, du darfst sie niemals aufregen, versprich es mir." „Nichts werde ich dir versprechen, es ist an der Zeit, endlich einige Unklarheiten aus dem Weg zu räumen. Was ich dir jetzt sage ist wahr und wird dich schockieren. Trotzdem, gerade deshalb muss ich es nun tun. Ich werde deine schwesterlichen Gefühle verletzen und das schmerzt mich, weil ich dich liebe und immer noch hoffe, es ginge auch ohne mein Eingreifen gut.

Du weißt, dass ich in Berlin war und Nachforschungen anstellte. Was ich dort erfuhr, bestätigt nur noch meine Annahme. Lisa nutzte dich schon immer aus, sie ist rücksichtslos, verlogen und hinterhältig, noch schlimmer als ich es annahm."

„Das stimmt nicht, Lisa liebt mich." „Eher hasst sie dich von frühster Kindheit an, weil du ihr in deiner Güte und Ehrlichkeit überlegen bist. Denk an das Feuer in eurem Elternhaus, als ihr zehn Jahre alt ward, schon da quälte sie dich bewusst. Das fand der Psychologe, der euch nach dem Brand behandelte, heraus."

„Aber, Lisa lag doch wie gelähmt in ihrem Bettchen und starrte zur Decke als ich hinauslief, um mein eigenes Leben zu retten."

„Glaubst du wirklich, dass Lisa die wenigen Schritte aus ihrem Bett bis vor die Haustür nicht allein geschafft hätte?" „Ihre Arme waren verbrannt als man sie heraustrug, nein Robert, diesen Schmerz fügt sich niemand freiwillig zu." „Lisa schon, sie musste dabei geradezu höllisches Vergnügen empfunden haben. Den Triumph über dich, den sie da erlebte, dass kannst du sicher nicht begreifen. Du solltest glauben, du hättest sie im Stich gelassen. Es waren Verbrennungen ersten Grades, die noch nicht einmal Narben auf ihren schlanken weißen Armen hinterließen. Dann, um deine wahnsinnige Angst um sie und dein schlechtes Gewissen noch zu schüren, ließ sie dich glauben, sie hätte ihre Sprache durch den Schock verloren. Du, in deinem kindlichen Mitleid grenzenlos, verlorst die Sprache wirklich im selben Augenblick. Nur anscheinend stumm quälte dich Lisa viele Monate, immer darauf bedacht, ja nichts an dieser Situation zu ändern.

Der Berliner Psychologe hatte einige Mühe sich nach all den Jahren an Hand der Unterlagen noch ein lebhaftes Bild zu machen.

Nachdem ich ihm ein Kinderfoto von euch zeigte, ging es besser. Er erinnerte sich dann sogar sehr genau an den Behandlungsverlauf. Besonders Lisas Psyche hatte damals sein Interesse geweckt. Er fand sehr schnell heraus, dass sie sprechen konnte, es nur nicht wollte. Auch merkte er bald, dass sich ihr Hass und ihre Grausamkeit vollkommen auf dich konzentrierten.

Vielleicht erinnerst du dich noch, während der ersten Behandlungsstunden kümmerte er sich ausschließlich um Lisa.

Dann ließ er sie eine Zeit lang völlig links liegen und hob dich plötzlich in den Vordergrund. Er trieb es sogar soweit, dass er zwar euch beide zu sich in die Sprechstunde bestellte, Lisa aber dann im Wartezimmer anscheinend vergaß.

Auf diesen Trick fiel sie nach einem langen Geduldspiel herein." „Ja, jetzt weiß ich es wieder. Plötzlich stand Lisa in der Tür und Dr. Benden befahl ihr sehr laut hinauszugehen. Sie stampfte mit dem Fuß auf und schrie mit zornrotem Gesicht ein paar fürchterliche Schimpfworte." „Siehst du, sein Trick, Lisa links liegen zu lassen, hatte gewirkt. Erst da, berichtete er mir, fingst auch du allmählich an zu sprechen. O ja, deine Schwester verstand sich immer auf die Schauspielerei, aber es geht noch weiter.

Als du schwanger wurdest und dich auf dein Kind freutest, wie keine andere werdende Mutter, ließ Lisa sich in Paris sterilisieren. Darauf verlorst du dein Baby und wieder durfte Lisa triumphieren, sag nicht, dass dies ein Zufall war. Lisa missgönnte dir deine Mutterschaft von Anfang an. So ließ sie sich lieber einen Schmerz zufügen, der ihr überhaupt nicht wehtat, weil sie wusste, dass du viel mehr darunter leiden würdest. Jetzt kaperte sie sich aus einer Laune heraus einen Mann. Es musste gerade der sein, den du durch deine Illustrationen zu Tristan und Isolde mit ihr zusammenbringst. Sie kennt deine Phantasie genau, schürt sie ein wenig, bis du selbst glaubst, sie sei wirklich Isolde.

Um das Ganze zu vervollständigen, flieht sie mit dem Mann aus unserem Haus und hinterlässt dir nichts als einen schmierigen Zettel. Du hattest recht, es war nicht deine Handschrift, ich konnte mich durch andere Schriftstücke von dir davon überzeugen. Aus irgendeinem Grund versuchte sie auch da, dich zu täuschen. Soll ich dir noch mehr Hinterhältigkeiten aufzählen, dir sagen, dass sie auch schon versuchte, mit mir anzubändeln."
„Hör auf Robert, hör endlich auf, du zerrst an meinen Lebenswurzeln, legst mich bloß, wie es noch nie ein Mensch vor dir gewagt hat." „Du musst mir nicht glauben, wenn du nicht willst." „Doch, ich will ja, wenn ich es auch noch nicht fasse. Ich werde ganz ruhig bleiben und meine Situation überdenken, gib mir bitte noch etwas Zeit. Weißt du überhaupt wie so etwas ist, ich schäme mich und bin gedemütigt, sei lieb und lass mich jetzt allein."

Niemals zuvor trennte sich Robert Lahay schwerer von seiner Frau. Gerade jetzt brauchte sie ihn doch und er sollte so einfach aus dem Zimmer gehen. Er konnte es nicht tun, ohne sie noch einmal in den Arm zu nehmen und so fest an sich zu drücken, als sei es das letzte oder das erste Mal. Als er das tat, fühlte er sich besser. Musste nicht auch er Abbitte tun, obwohl er das Beste für Sue im Sinn hatte. Nahm sie nun Abschied von einem bösen Wesen, das bis jetzt mit in ihr wohnte, wandte sie sich ihm zu, um mit ihm weiter zu leben. Konnte sie überhaupt vergessen, was ihre Zwillingschwester ihr angetan hatte.
Sue war stark und gerecht, darauf wollte er hoffen.

Daniela befand sich in höchster Anspannung. Jeden Augenblick kam Björnström in die Garderobe und es würde wenig Zeit bleiben, noch vor seinem Auftritt ein paar Worte mit ihm zu wechseln. Schon näherte sich vom Flur das unverwechselbare Trällern des Heldentenors. Dann trat er ein und begrüßte sie sofort herzlich, „Hallo Daniela, altes Mädchen, dich gibt es ja immer noch in diesen heiligen Hallen. Tut richtig wohl, mal wieder eine vernünftige Frau zu sehen. Geht es gut?“ Stotternd brachte Daniela heraus, „das könnte ich eher Sie fragen, Herr Björnström.“ „Mich, wieso, du sagst das so komisch.“ „Na ja, Sie haben sich doch verheiratet und als frisch gebackener Ehemann ist man wohl sehr beschäftigt.“

„Was soll denn das, wer wagt es, einen derartigen Unsinn zu behaupten. Ich bin eingefleischter Junggeselle und bleibe das auch.“ „Sie sind nicht verheiratet?“ „Wo denkst du hin, mein Kind. Mit wem denn, wer sollte mich wohl an die Kette gelegt haben, he?“ „Vielleicht eine gewisse rothaarige Lisa?“

„Eher würdest du das Schaffen Daniela, aber jetzt mal Spaß beiseite, es kostete mich in der Tat einige Mühe, diese kleine Hexe loszuwerden. Sie ist mir bis Schweden nachgereist, obwohl ich sie schon nach dieser seltsamen Nacht im Haus ihrer Schwester verlassen hatte. Irgendetwas gab sie mir an dem Abend im Lokal in den Wein und ich fühlte mich danach hundeelend. Daniela, ganz im Vertrauen gesagt, ich glaube, die ist nicht mehr ganz richtig im Kopf.

Sie faselte davon, dass ich Tristan und sie Isolde sei. Wäre mir nicht so schlecht gewesen, hätte ich das Haus schon viel eher verlassen.“ „Und bevor wir in dem Künstlerlokal waren, Herr Björnström, was taten Sie da mit Lisa, zuerst am Künstlerausgang nach der Vorstellung und später im Hofgarten? Erinnern Sie sich nicht, Sie sind mit ihr doch einfach weggelaufen.“

„Nun ja, ich muss zugeben, das kleine Biest reizte mich, forderte mich heraus. Sie bot sich mir an und ich ging darauf ein, ist das schlimm, eben Premierenstimmung, ein Glas Sekt in der Garderobe, du weißt doch wie das geht. Welcher Mann fühlt sich nicht geschmeichelt, wenn eine Frau von ihrer Schönheit auf ihn zukommt.“

„Lisa schrieb ihrer Schwester einen Brief aus Schweden, worin sie ihr die Heirat mit Ihnen mitteilte.“

„So weit ging sie also in ihrer verletzten Eitelkeit, nichts stimmt davon, glaubst du es nun, jetzt lass uns aber zur Tat schreiten, sonst verpasse ich noch meinen Auftritt.“

Daniela hielt es für besser nichts mehr zu sagen. Schließlich traf ihn keine weitere Schuld, als dass er sich allzu hitzig mit einer Frau eingelassen hatte. Wenn es nur mit Sue bald wieder besser würde.

Als könnte Björnström, der Daniela durch den Schminkspiegel beobachtete, ihre Gedanken lesen, fragte er, „wie heißt eigentlich die Schwester dieser Lisa?“ „Sie ist mein beste Freundin, Sue Lahay.“ „Ich werde ihr ein paar hübsche Blumen schicken und mich in aller Form für mein unmögliches Verhalten unter ihrem Dach entschuldigen.“

Damit war Lisa und alles was mit ihr zu tun hatte für den Heldentenor endgültig erledigt, das spürte Daniela deutlich.

Sie nahm sich vor, während der Pause nach dem zweiten Akt von Lohengrin mit den Lahays zu telefonieren. Die Neuigkeit, dass Lisa wieder einmal gelogen hatte, musste sie auf schnellstem Wege loswerden.

An diesem Abend saß Robert mit Sue gemütlich am wärmenden Kamin. Ihre gemeinsame Anspannung schien sich gelöst zu haben und es sah so aus, als ginge es mit ihnen wieder bergauf. Sue wirkte so aufgelockert und fröhlich, wie schon lange nicht mehr. Noch etwas unsicher trug sie ein verführerisches Hauskleid, das anschmiegsam und weich die zarten Konturen ihrer Figur nachmodellierte. Robert, der sie in seiner Besorgtheit nicht aus den Augen ließ, verfolgte jede ihrer Bewegungen, als könnte er nicht fassen, dass sie tatsächlich begonnen hatte, ihren Knoten zu entwirren. Wenn Sue auch den Namen Lisa noch nicht in den Mund nahm, spürte er, dass sie eines Tages vielleicht offen und ohne Scheu mit ihm darüber reden könnte.

Gerne ließ er sich an diesem Abend von ihrer sanften, noch scheuen Fröhlichkeit mitreißen, ermutigte ihre ersten Befreiungsversuche nach Kräften. Sue begann ihr eigenes Leben wieder zu begreifen, wollte gesund werden. Täglich bekam sie etwas mehr von ihren verlorengegangenen Selbstwertgefühlen zurück.

Als nun das Telefon läutete, sprang Robert auf, doch kam ihm seine Frau zuvor und nahm als erste den Hörer ab, wobei sie sich kerzengerade aufrichtete. „Sue Lahay". „Hallo Sue, hier ist Daniela, kann ich Robert sprechen?" „Was du Robert zu sagen hast, würde ich auch gern hören, oder." „ Ich weiß nicht Sue, vielleicht ist es doch besser du gibst mir erst einmal Robert,

ich dachte du…." „Was dachtest du, ich kann sehr gut mithören, was du uns zu sagen hast Daniela." „Du sprichst komisch Sue, hast du was?" „ Nein außer, dass wir heute eine Art Hochzeitstag feiern, Champagner trinken, geräucherten Lachs essen und ich seit langem wieder ein hauchdünnes zartes Gebilde aus Stoff trage, ist nichts.

Genügt dir das, oder soll ich deutlicher werden." „Nun, da habe ich euch anscheinend wirklich gestört." „Im Gegenteil Daniela, du solltest es als Erste erfahren. Lisa hört auf mich zu quälen, es gibt sie nicht mehr in mir, wenn du verstehst was ich meine. Lang war mein Schlaf, ich bin erwacht." „Singt das nicht die Brunhilde in der Götterdämmerung?"

„Keine Angst Daniela, ich spinne nicht schon wieder. Ich sehe in Robert nicht Siegfried den Helden, der mir Brünne und Helm löst. Trotzdem passt dieser Vergleich, denn auch Robert befreite mich aus meinem Schlaf." „Du und dein Wagner, na ja, wenn es dir hilft."

„Nun komm aber endlich zur Sache Daniela, warum rufst du zu so später Stunde noch an?" „Kann ich es dir wirklich sagen." „Aber ja, ich muss mich an alles wieder gewöhnen, schieß los." „Lisa hat euch in ihrem Brief belogen, sie ist nicht mit Björnström verheiratet."

Nun folgte doch eine Pause, in der Sue den Atem anhielt, dann erst konnte sie antworten,
„wie, Björnström heiratete Lisa nicht in Schweden, was schrieb sie mir denn da, Robert, hast du gehört, Lisa täuschte mich wieder, oh, wie ich sie verabscheue.“ „ Siehst du, nun regst du dich doch auf.“ „Nein, es ist nur, weil ich sie nicht mehr verstehen kann. Ist sie nicht ein Ausbund an Bosheiten, trotzdem kann ich sie nicht einmal dafür hassen, versteht man das.“

Nun nahm Robert doch den Hörer aus der Hand seiner Frau, wobei er seinen Arm tröstend und fest um ihre Schultern legte. „Sei ruhig meine Liebe, lass mich mit Daniela sprechen, hallo, ich bin es Robert.“ „Mensch Robert, ich habe da wohl doch einen Fehler gemacht, falle mit der Tür ins Haus, wie ein Anfänger.“

„Ist schon gut Daniela, Sue hätte es sowieso auch von mir erfahren. Wir verschleiern keine Tatsachen mehr, vor allem nicht, wenn es um Lisa geht. Vielen Dank für deinen Anruf und lass dich bald wieder einmal bei uns sehen, tschau Daniela. “

„Adieu Robert.“

Als Sue am nächsten Morgen aufwachte, fühlte sie sich gut ausgeschlafen. Nach dem Telefongespräch mit Daniela saßen sie und ihr Mann noch lange am Kamin, tranken sogar eine zweite Flasche Champagner.

Woran es nun lag, dass sie sich leicht beflügelt fühlte, an Robert, am Champagner, oder an beidem, sie wollte es gar nicht mehr wissen. Die hereinscheinende Sonne malte lustige Kringel auf ihre Bettdecke und aus der unteren Etage hörte sie das Klappern von Kaffeegeschirr.

Alsbald zog herrlicher Kaffeeduft bis zu ihr herauf. Ach ja, es war Samstag und Robert brauchte heute nicht in die Praxis.

Sie würden einen langen Tag ganz ungestört miteinander verbringen. Noch viele solche Tage standen ihnen bevor. Ihr Sohn Jan würde heranwachsen und vielleicht könnte man sogar ein zweites Kind adoptieren.

Sue fühlte sich an diesem Morgen stark und frei. Als es plötzlich an der Haustür klingelte, schreckte sie nicht auf, wer konnte ihren Frieden jetzt noch stören. Kurz darauf vernahm sie Schritte auf der Treppe. Wenn sie auch für einen ganz kleinen Augenblick stutzte, waren die Tritte nicht leichtfüßig, Gefahr bringend, das hörte sie deutlich heraus. Es wird doch wohl nicht Lisa…

Aber dann stand Robert im Rahmen der Schlafzimmertür. In jedem seiner Arme hielt er einen Blumenstrauß. Er legte die Blumen direkt auf ihr Bett. Der eine Strauß lachsfarbener Rosen, wie aus Marzipan geformt, enthielt ein charmant geschriebenes Begleitkärtchen des Sängers Björnström.

Der andere aber glühte in dunkelstem Rot. Tautropfen hingen in seinen Blütenkelchen, fielen, als sie ihn behutsam an sich presste, auf ihr Gesicht. Ein paar Tränen mischten sich darunter.

Diese Rosen konnten nur von Robert sein, denn sie sprachen, ohne erklärende Worte.

Ruhe sanft

Langsam bewegt sich eine scheinbar endlose Prozession die Straße zum Friedhof herauf. Sie waren alle gekommen, die Dorfbewohner.

Mit äußerster Spannung warteten sie auf etwas. Ob es wohl dieses Mal wieder passierte?

Außer dem Gemurmel verschiedener Gebete, konnte man das Klingeln des kleinen Glöckchens hören, das von einem Messdiener hin und her geschwungen wurde. Ganz Feinfühligen allerdings war es möglich, noch etwas anderes wahrzunehmen.

Das aufgeregte Schlagen zweier Herzen, die lange genug auf diesen Augenblick warten mussten. Vorsichtig wandte Herr Warren den Kopf und betrachtete mit einem kaum merklichen Lächeln die Schwester der Verstorbenen. Wie jung Andrea doch war, so ganz anders als Mia. Ja, sie durchlebten eine schwere Zeit. Ob Mia wohl gemerkt hatte, dass er seit Jahren hinter Andrea her war. Man muss mit diesen Sachen so vorsichtig sein, vor allen Dingen war er sich nie im Klaren darüber, wie sie wirklich zu ihm stand. Das schien nun aber gar nicht mehr so wichtig, sie würde ihn schon wollen, jetzt, da das Ableben seiner Frau einen vermögenden Mann aus ihm machte. Er konnte die monotonen Geräusche, die das Beerdigungszeremoniell vorschrieb, kaum noch länger ertragen.

Hoffentlich schafften sie es bis zum Friedhof ohne Zwischenfall. Irgendein Scharnier am Sarg, welcher von sechs Männern getragen wurde, quietschte. Wenn sie nur nicht so schaukeln würden, wäre ihm schon wohler. Er musste seine Gedanken in eine andere Richtung lenken, doch, es gelang ihm nicht.

Was geschah noch vor zwei Jahren…

An einem kalten Novembermorgen, gerade so wie heute, gingen vor ihm sechs Männer und trugen den Sarg mit seiner verstorbenen Frau, genau wie jetzt zum Friedhof, übrigens war es der Selbe. Faulige Blätter lagen auf der Straße und verbreiteten einen modrigen Geruch. Da geschah das Furchtbare!

Zuerst dachte er, eine Frau in der Reihe hinter ihm hätte aufgeseufzt. Die Töne verstärkten sich, das Glöckchen des Messdieners verstummte, weil sie es mittlerweile nun alle hörten und es gab nur eine Möglichkeit, die Geräusche musste die Tote im Sarg vor ihnen verursachen. Auch die Leichenträger hatten es bemerkt, denn sie ließen den Sarg zu Boden gleiten und öffneten in großer Eile die Deckenverriegelungen.

Fast wäre er in Ohnmacht gefallen, als eine bleiche, erschöpfte Mia dem Inneren entstieg und ihn mit erstaunten Augen anblickte. Er verstand überhaupt nicht, wie das möglich sein konnte.

Später erklärte ihm der Arzt, sie sei scheintot gewesen, dies würde aber nur sehr selten passieren. Er sollte froh sein, dass Gott ihm sein Weib noch einmal geschenkt habe. Allerdings müsse man sie außerordentlich schonen und ihr jeden Wunsch von den Augen ablesen, da ihr Herz sehr schwach sei und einen weiteren Infarkt mit Sicherheit nicht überstehen würde.

Wenn er auch sehr enttäuscht über die Wiedergeburt seiner Frau war, musste Herr Warren zugeben, dass diese Angelegenheit nicht an ihm vorüberging, ohne einen gewissen Eindruck auf ihn gemacht zu haben. Zumindest fühlte er sich sehr verunsichert und dachte, „wer weiß, vielleicht kannte sie bereits seine geheimen Gedanken."

Immerhin war sie ja für viele Stunden tot und hatte so den Schritt ins Überirdische getan. Jedenfalls musste er auf der Hut sein und weiter mit aller Geduld auf das Freiwerden ihrer Millionen warten. Selbst ihr Geiz kam ihm recht, sparte sie doch das Geld gewissermaßen für ihn.

Die Regelmäßigkeiten des Alltags begannen wieder und außer einigen Besuchen der Schwägerin ereignete sich nichts.

Diese Abende waren für ihn besonders reizvoll und er erging sich in den schönsten Träumereien. Ob er die Schwester seiner Frau nach deren Tode heiraten würde, wusste er noch nicht.

Jedenfalls wollte er sie ins Haus nehmen. Irgendjemand musste schließlich für ihn weiterhin sorgen.

An diesen gemütlichen Abenden wurde wenig gesprochen. Ab und zu blickte Andrea von ihrer Stickerei auf und warf ihm einen bedeutungsvollen Blick zu. Wunderbar und auf irgendeine Weise geheimnisvoll, schienen ihm ihre sprechenden Augen.

In diesen Sekunden raste sein Herz und er spürte, dass er ein Mann war. Nach einigen Stunden erhob sich dann meistens Mia und ging zu Bett, um ihr anfälliges Herz zu schonen. Das war dann auch das Stichwort für Andrea`s Aufbruch und er geleitete sie zur Tür, nicht ohne vorher ihre kleine Hand in der seinen zu drücken.

Nun war Mia zum zweiten Mal gestorben. Man hatte sie ungewöhnlich lange in der Halle aufgebahrt, als ob sie diesmal alle sicher gehen wollten, dass sie nun wirklich tot sei.

Vor ihrem Dahinscheiden betonte sie, dass sie wünsche, verbrannt zu werden. Die Leute im Dorf rechneten es ihm hoch an, als er bekannt gab, den Wunsch seiner Frau zu ignorieren und für sie ein ordentliches Begräbnis vorziehe.

Immerhin bestand die Möglichkeit, dass sie auch diesmal noch einmal aufwachte und sicher wollte er seinem Gewissen keine Schuld aufladen.

Als Herr Warren bei diesen Gedanken angekommen war, stolperte einer der Sargträger, fing sich aber wieder schnell und ging im Gleichschritt mit den anderen weiter.

Da habe ich nochmal Glück gehabt, dachte er. Mittlerweile erreichten sie den Friedhof und bildeten einen Halbkreis um die aufgeschüttete Grabmulde. Er musste noch die traurige Rede über sich ergehen lassen, die übrigens auch für ihn sehr schmeichelhaft ausfiel und dann spielte die Kapelle einen getragenen Marsch. Sie ließen den Sarg hinunter und bewarfen ihn mit Blumen und Erde. Nach beendeter Zeremonie zerstreute sich die trauernde Menschenmenge. Es war wirklich vorbei und es schien ihm, als ob sie alle ein wenig enttäuscht von dannen schlichen, denn, es hatte sich heute nichts Besonderes ereignet.

Zum Leichenschmaus traf man sich anschließend im besten Hotel des Dorfes. Allen stand noch die Erleichterung ins Gesicht geschrieben, dass Gott sei Dank diesmal nicht geschah, was alle irgendwie befürchteten, aber in ihrer enttäuschten Sensationslust eigentlich auch sehr bedauerten.

Letztlich aber siegte bei allen die Normalität eines derartigen Trauertages für die Hinterbliebenen und man gönnte sich zu Kaffee und belegten Brötchen zwischendurch an der Theke ein paar Schnäpschen. So kam es, dass Herr Warren vom besten Freund der Familie, einem pensionierten Rechtsgelehrten, zur Seite genommen wurde und dieser sich mit ihm in ein mehr als aufschlussreiches Gespräch vertiefte.

Das veranlasste ihn allerdings zu echter Trauer über sein eigenes Leid und war schuld daran, dass er sich anschließend vollkommen betrank.

Er musste soeben testamentarisch erfahren, dass nicht er, sondern Andrea von seiner Mia das ganze Vermögen erben würde und das wegen bewiesener seelischer Grausamkeit seinerseits ihr gegenüber. Dafür gab es genügend Wissende und die zuverlässigste Zeugin war seine Schwägerin, die schwören würde, dass er ihr seit Jahren ernsthaft nachstellte.

Dabei hatte er doch noch nie etwas Richtiges mit ihr angefangen. Bestrafte man einen denn jetzt schon für seine Wunschträume? Wo steckte Andrea überhaupt?

Allmählich verschwamm alles vor seinen trunkenen Augen, eine Gnade, die ihm nun doch zu Teil wurde. So konnte er nicht mehr erkennen, dass seine angebetete Andrea gerade von einem Bauernburschen untergehakt, fröhlich an ihm vorbei tänzelte.

Käufliche Macht

Während ich auf meiner Terrasse im Rosengarten die Sonne genieße, fallen mir die Ereignisse der letzten Monate ein. Jérôme, mein Mann, kaufte im Süden Frankreichs ein Landhaus, das ich bis jetzt nur von Fotos kennen lernen durfte.

Es handelte sich um einen sehr schönen Besitz, der noch einiger Renovierungen bedurfte. Dabei konnte ich anscheinend wenig helfen, da ich nur im Wege stehen würde, wie er mir überzeugend erklärte. So wurden alle Veränderungen und Einrichtungsarbeiten ohne mich zu Ende geführt. Eigentlich hätte mir schon damals an seinem Verhalten etwas auffallen sollen, denn es entsprach für gewöhnlich nicht seinem Wesen, etwas derart Lebensveränderndes ohne mich zu unternehmen.

Da das Haus angeblich noch immer nicht bezugsfertig sein sollte, blieb mir nichts anderes übrig, als im nahegelegenen Dorf, die für mich und meine Dalmatiner Hündin Sheila reservierte Unterkunft zu nehmen. All das kam mir sehr befremdlich und unglaubhaft vor. Das kontaktlose untätige Herumsitzen brachte mich in ein noch größeres, nervliches Chaos. Keine Nacht schlief ich mehr, ohne nicht von den schlimmsten Träumen gequält, aufzuschrecken.

Mehrere Tage waren vergangen, als ein Bote an meine Tür klopfte, mir ein Sträußchen aromatisch duftender Steinnelken und einen Umschlag mit Haustürschlüssel und Adresse übergab und einer Mitteilung, heute Abend in unser neues Haus einziehen zu können.

Natürlich war ich sofort bereit, ich wartete ja nur darauf, obwohl ich eine Enttäuschung nicht verbergen konnte, warum mein Mann nicht selbst kam, um mich abzuholen. Vielleicht sollte das alles die größte Überraschung unseres gemeinsamen Lebens werden.

Mit wachsender Erregung erwartete ich die frühen Abendstunden. Als die Zeit herannahte, meine Ungeduld hatte sich schon auf meine Sheila übertragen, fuhren wir mit meinem Wagen auf der spärlich beschienenen Landstraße bis zu dem angegebenen Anwesen, das am Ende einer Sackgasse zu liegen schien.

Vor mir türmte sich eine hohe Mauer, das Grundstück umfassend, mit einem breiten doppeltürigen, schmiedeeisernen Tor auf. Als sich nach meinem Hupen das mechanische Tor öffnete, fuhr ich durch die großzügige Parkanlage hinauf und hielt vor dem Haus.

Komisch, dachte ich, warum soll ich erst jetzt, wo es schon fast dunkel ist, einziehen, was für eine Geheimnistuerei von Jérôme. Alles war für mich ungewohnt und neu. Am liebsten wäre ich jetzt umgekehrt, weil mich mein ganzer Mut verließ und ich ängstlich wurde. Ohne Sheila an meiner Seite, wäre ich keinen Schritt weiter gegangen und hätte schon gar nicht den Schlüssel zu dieser Haustür aus meiner Tasche herausgenommen.

Mit klopfendem Herzen öffnete ich die Haustür. Aus irgendeinem unbestimmten Grund war meine Kehle in diesem Augenblick wie zugeschnürt und ich brachte keinen Ton heraus. So ließ ich nur meine Hand fallen und zauste zärtlich das seidige Fell der Hündin.

Eigentlich hatte ich zu meinem Empfang hellerleuchtete Fenster erwartet, stattdessen bestrahlte nur der warme Schein einer Deckenlampe das Foyer. Nachdem ich mehrmals den Namen meines Mannes rief und keine Antwort bekam, entschloss ich mich ein Zimmer zu suchen, um mich ein wenig frisch zu machen. Da eine der Türen offen stand, steuerte ich sofort diesen Raum wie ein Rettungsanker an, weil mir daraus ein warmes Licht entgegen schien und es wohl für mich bestimmt sein sollte.

Ein schwerer Kerzenleuchter brannte und warf seinen Schatten über düstere Wände. Herber verführerischer Duft bestimmte die Atmosphäre in einer eigentümlichen Weise.

Warum meldete mein Mann sich nicht, seltsam, immer noch keine Begrüßung, war er denn vielleicht noch gar nicht hier? Hätte ich damals auch nur etwas von dem Grund seines Ausbleibens geahnt, nicht einen Meter wäre mein Fuß über die Schwelle dieses Hauses getreten.

So ganz allmählich stieg die Angst weiter in mir auf, die Furcht, vor etwas nicht Sichtbarem. Als ich mich weiter umschaute, bemerkte ich auf dem Tisch einen Briefbogen mit den Initialen meines Mannes, worauf folgendes geschrieben stand:

„Mein Liebling, ich bin untröstlich, dich am Tag deines Einzuges allein lassen zu müssen. Glaube mir, bis zum letzten Augenblick versuchte ich, das Schreckliche von uns abzuwenden. Meine Reue kommt zu spät, mir blieb keine andere Wahl.

Mehr kann ich dir leider nicht sagen, aber hüte dich, für immer dein Jérôme."

Spätestens jetzt hätte ich aus diesem Haus fliehen müssen, stattdessen sank ich erschöpft, wie von einem furchtbaren Schlag getroffen, auf ein Bett. Er hatte es also fertig gebracht, mich am ersten Tag in diesem Hause allein zu lassen.

Irgendetwas an seinem Verhalten und nun auch an seinem Geschriebenen schien mir rätselhaft und ich entschloss mich, was sollte ich sonst auch tun, der Angelegenheit auf den Grund zu gehen. Während ich hin und her überlegte, klopfte es plötzlich an meine Tür und zerriss jäh den Gang meiner Gedanken.

Herein trat ein junges Mädchen und kam auf mich zu, „Madame, gut das Sie da sind, herzlich willkommen."

Mein Instinkt sagte mir, dass ich dieses Mädchen nicht mochte.

Hätte sie mich nicht eigentlich schon bei meinem Eintreten im Foyer begrüßen müssen? Seltsam, aber sie sprach schnell weiter, „ich heiße Lydia, Mr. Laroche stellte mich als Ihr Hausmädchen ein."

Das wunderte mich, denn mein Mann und ich wollten für die nächste Zeit, allein schon aus finanziellen Überlegungen, kein Hauspersonal engagieren. Ich begegnete ihrem Blick und sie sah mich so eigentümlich an, dass es mir eiskalt den Rücken herunterlief. „Madame, wenn Sie mir jetzt bitte in den Salon folgen würden, ich habe dort eine kleine Erfrischung für Sie vorbereitet."

Welch behaglicher Raum tat sich vor mir auf. Unter anderen Umständen hätte ich mich hier sehr wohl gefühlt. Sandfarbene Teppiche bedeckten den Boden aus Naturstein, beschienen vom warmen Schein eines Kaminfeuers. Ich versank in einem der weichgepolsterten Sessel und ging erneut meinen schweren Gedanken nach. Lydia verließ den Raum um eine Flasche Wein zu holen, kam aber sehr schnell zurück und füllte mein Glas.

Als sie dann fragte, ob sie sich zurückziehen könne, willigte ich sofort ein und war froh, diese Person nicht länger ertragen zu müssen.

Ich hatte die Flasche eines sehr schweren Rotweines bis zur Hälfte geleert, als mich plötzlich eine so große Müdigkeit überfiel, dass ich mich nicht mehr im Sessel aufrechthalten konnte. Ich zwang meinen Körper in die Höhe und schleppte mich zu meinem Zimmer. Kurz vor meinem Bett brach ich zusammen.

Am nächsten Morgen kehrte so ganz allmählich mein Bewusstsein zurück und ich fand mich auf einem Bett liegend. Erschrocken erhob ich mich. Wer hatte mich in der Nacht ausgezogen und in diesem Zustand auf das Bett gelegt?

Ich merkte, wie eine heiße Welle der Scham über meinen Körper flog. Der Wein, irgendetwas musste im Wein gewesen sein.

Schnell ergriff ich mein Nachthemd, das ordentlich, wie zum Hohn, am Fußende meines Bettes hing, spürte beim Aufstehen die Zerschlagenheit meiner Glieder und quälte mich zu meinem Koffer, der noch nicht ausgepackt in einer Ecke stand. Zitternd vor Kälte fingerte ich meinen Bademantel heraus und streifte ihn über. Nachdem ich meine Morgentoilette beendet hatte, wunderte ich mich, dass meine Hündin anscheinend heute Nacht auch nicht, wie gewohnt, bei mir schlief und sich ebenfalls jetzt noch nicht sehen ließ. Ich lief zur Tür und fand eine Personalklingel.

Daraufhin erschien das Mädchen von gestern mit erstauntem Blick und wirkte sehr keck. Ich packte sie am Arm und fragte,

„war heute Nacht jemand in meinem Zimmer und wo ist meine Sheila?“ „Woher soll ich das denn wissen, Madame.“

„Ich beschwöre Sie, sagen Sie mir die Wahrheit, ist außer Ihnen noch jemand im Hause.“ „Ich weiß nicht, was Sie meinen“, worauf sich Lydia sehr eilig wieder entfernte, um wohl das Frühstück vorzubereiten.

Durch die noch offene Tür hörte ich plötzlich energische Schritte, die sich schnell zu nähern schienen. Gebannt und freudig erleichtert ging ich ihnen entgegen, weil ich einen kurzen Augenblick dachte, es sei endlich mein Jérôme, aber das war die größte Enttäuschung.

Der Eintretende war ein ganz Anderer und der Letzte, den ich hier erwartet hätte, der engste Freund meines Mannes.

Francois de Grandville sprach mich freundlich an „Meine Liebe, bitte entschuldige das frühe Eindringen in deine Privatsphäre, aber deine Tür steht ja offen.“ Erstaunt, ihn hier vorzufinden, antwortete ich, „sie war wohl auch heute Nacht nicht verschlossen, oder Francois.“ Eisgraue Augen starrten mich triumphierend an. „Du hast recht Juliette, heute Nacht war ich bereits schon einmal in deinem Zimmer, da nahm ich mir nur, was dein Mann mir schon seit Langem versprochen hatte und nun endlich eingelöst wurde.

Du warst wunderschön im Schlaf und einmal leicht zu haben. Endlich konntest du dich nicht gegen meine Annäherung wehren, du weißt ja nicht, wie lange ich mich schon nach dir verzehre. Leider musste ich einen gemeinen Trick anwenden, da du dich mir freiwillig nie hingegeben hättest, aber letzte Nacht gehörte mir dein Körper allein.“

Ekel packte mich jetzt vor diesem ungeheuerlichen Menschen, da er mich fortwährend mit seinem kalten durchdringenden Blick anschaute. Ich musste meinen Kopf zu Boden senken, weil ich in seinem Gesichtsausdruck nun noch etwas anderes erkannte und ich ihn plötzlich verstand. Denn gleichzeitig breitete sich noch ein neues Gefühl in mir aus, ein ungeheures Erstaunen und Ehrfurcht vor der Macht gestohlener Liebe, die trotz des großen

Unrechtes, nicht unbedingt ohne Reiz für die Betroffenen bleibt. Francois, wie er so vor mir stand, angesichts seiner aussichtslosen Liebe zu mir, hatte es tatsächlich gewagt, auf diese Weise seinen Sieg zu erringen und bei mir Gefühle zu hinterlassen.

Mein Leben lang hegte ich bisher gerade für diesen Menschen keine Sympathie. Blitzschnell schossen mir einige Szenen durch den Kopf, in denen er in Jeromes und meinem Leben eine Rolle spielte. Obwohl er mir schon damals unheimlich schien, musste ich ihn doch als den besten Freund meines Mannes akzeptieren. Auch fiel mir jetzt ein, dass er schon damals verrückt nach mir war. Warum ließ Jérôme mich nun gerade jetzt so allein. Ich konnte mir einfach nicht denken, dass er an dem, was mir heute Nacht geschah, wirklich beteiligt sein sollte.

Jedoch nüchtern betrachtet durfte ich mich überhaupt keiner Illusion hingeben. Wie schemenhaft, durch viele Schleier verborgen, nahm ich die Umrisse meiner Umgebung wahr und hörte von unten die Stimme des Hausmädchens, die zum Frühstück auf die Terrasse bat. Mechanisch folgte ich diesen Worten, ging wie träumend an Francois vorbei, der sich ebenfalls in Bewegung setzte. Beruhigend empfand ich die Nähe der nun freudig auf mich zulaufenden Sheila, die zärtlich meine Hand leckte und jetzt nicht mehr von meiner Seite wich. Süßlicher üppiger Duft entströmte den Blumenbeeten, die anmutig rings um das Haus blühten. Welche Zukunft erwartete mich?

Jäh rissen mich Francois Worte aus meinen Gedanken.
„Ich will dir erzählen, warum dies alles geschehen konnte. Weißt du noch, wie das damals war? Jérôme und ich bewarben uns gleichzeitig um deine Gunst. Du zogst den Jüngeren vor.

In Gedanken wollte ich mich mit ihm duellieren, ihn tödlich treffen, hätte ich nicht deine Liebe zu ihm gespürt. Wie konnte ich als dich Verehrender dir aber derartiges antun, das wäre frevelhaft und egoistisch gewesen.

Bei euren Hochzeitsfeierlichkeiten stand ich enttäuscht abseits, auch was dann folgte, möchte ich dir erzählen.

Es fing an, als deine sonst so regelmäßigen Besuche in meinem Hause immer seltener wurden und zu meinem großen Bedauern bald ganz aufhörten. Da ich dich immer noch begehrte, ohne es dir jemals zeigen zu dürfen, wurde mein Leben zur Hölle und so nährte ich ganz allmählich die Pflanze des Hasses gegen euch. Ich begann und du musst zugeben, sehr geschickt, die Fäden euer beider Leben in meine Hände zu nehmen. Zuerst musste ich natürlich Jérôme finanziell ruinieren. Mit ihm hatte ich es leicht, da wir uns nächtelang in Spielkasinos herumtrieben.

Durch meine weitverzweigten Beziehungen war es mir möglich, auch Drogen in jeder Menge zu beschaffen.

Lange Zeit konnte er es anscheinend vor dir verbergen, aber sein ausschweifendes Leben musste ihm zum Verhängnis werden und so verlor er allmählich euer ganzes Vermögen."

Mir blieb fast der Bissen im Hals stecken, denn ich erkannte einige Zusammenhänge der letzten Jahre und es fiel mir wie Schuppen von den Augen, trotzdem erwiderte ich tapfer,

„ich glaube dir kein Wort, als ob er das vor mir hätte verheimlichen können, du bist ein Märchenerzähler, besser ich gehe jetzt." „Bleib nur ruhig sitzen, das musst du dir nun schon weiter anhören. Damit ihr problemlos euer angenehmes Leben führen konntet und du von all dem nichts merken solltest, lieh ich ihm große Geldsummen, in dem Bewusstsein, dass er sie mir nie zurückzahlen konnte, sicher nicht ganz nett von mir.

So kam er immer mehr in ein Abhängigkeitsverhältnis. Ich wurde sein Verführer, er mein Opfer. Sein Ende war abzusehen. Leider fehlte ihm der Mut, sich eine Kugel zu geben, womit er noch seine Ehre bewahrt hätte. Dann kaufte ich dieses Landhaus und arrangierte alles so, dass du glauben solltest, er hätte es für euer gemeinsames Glück erworben.

Auch deine Ausquartierung war für meine Zwecke erforderlich, so konnte ich meine Vorbereitungen treffen, ich glaube, mehr brauchst du nicht zu wissen, du siehst ja selbst, mir ist es gelungen eure Liebe empfindlich zu treffen, wenn dies überhaupt noch nötig war, da er dich schon lange abgehakt hatte."

Betroffen erwiderte ich, „aber davon hätte ich doch etwas merken müssen, sicher habe ich ihn in der letzten Zeit sehr wenig gesehen und unsere Zweisamkeit war auch nicht mehr wie früher.“ Francois triumphiert, „da siehst du es doch, er spielte dir schon sehr lange etwas vor und du hättest es mir nie geglaubt, aber sei beruhigt. Ich habe dir in der letzten Nacht keine Gewalt angetan, das könnte ich überhaupt nicht, meine Verehrte.“

Ich schämte mich ein wenig und schaute ihm gerade ins Gesicht, „wie, du hast mich nicht angefasst?“„Ganz ehrlich, ich habe dich ausgezogen, mich zu dir gelegt und dich ein wenig gestreichelt, schlimmeres konnte ich dir nicht antun, weil ich dich eben liebe.

Mein einziges Vergehen besteht darin, dass ich Lydia dazu bewegen musste, dir das Betäubungsmittel in den Wein zu geben. Leider gibt es da noch eine sehr schlechte Nachricht.

Dein Jérôme widerstand auch nicht meiner Versuchung, dich für einen Scheck an mich ganz zu verkaufen. Er ergriff diesen letzten Strohhalm, um sich auf und davon machen zu können.“

Während Francois sprach, rannen mir unaufhörlich die Tränen über mein Gesicht.

Der Eine liebte mich sein Leben lang und ich erkannte es nicht, während der Andere mir eine genau so lange Zeit seine Liebe nur vortäuschte, um ein angenehmes Leben führen zu können.

Wie war es noch anfangs? Ich bevorzugte den schönen Jüngeren, dem es gefiel, sich vielleicht nur ein Spiel aus meiner Liebe zu machen und den Älteren mit seinem jugendlichen Charme auszustechen, was ihm ja auch gelang. Welch lächerlicher Komödie war ich da aufgesessen und nun besitze ich eigentlich nichts mehr als mein nacktes Leben.

Nun bin ich in seiner Gewalt, ich werde zukünftig von ihm abhängig sein wie ein Vögelchen im Käfig, das die Hand des Menschen lieben lernt, die es füttert.

Seltsamerweise finde ich langsam Gefallen daran. Da ich alles verloren habe, was meinem Dasein bisher Freude bereitete, muss ich für mich ganz andere Freiräume schaffen und aus den mir gestellten Grenzen neu schöpfen.

Warum soll es ab jetzt nicht Francois sein? Er ist ritterlich und wenn es denn ein Fehler wäre viel Geld zu besitzen, müsste ich ihn eben nur dieses einen Verbrechens anklagen.

Wo aber findet man den Richter für ein Vergehen, das aus Liebe geschah?

Die Doppelgängerin

„Hallo Rita, du warst großartig heute." Erschrocken fährt die Angesprochene zusammen, „ich muss mich erst daran gewöhnen, eine Andere zu spielen", denkt sie. „Guten Abend Hal, findest du. Ich hätte noch besser sein können, bin heute gar nicht so recht in Form, am liebsten würde ich gleich nach Hause gehen." „Nun komm schon, stell dich nicht so an, kannst uns doch nicht einfach sitzen lassen. Gerade jetzt, wo wir deinen Erfolg feiern wollen." „Gut, aber nur für eine Stunde." „Okay!"

Der junge Regisseur hakt die Fernsehansagerin kollegial unter und zieht sie mit sich fort.

Sie ist eigentlich etwas verärgert. Das hätte die Frau ihr aber auch sagen können. Zu dumm, da trifft sie bestimmt viele Menschen, die sie noch nie gesehen hat. Bis jetzt ist alles gut gelaufen. „Hal, lass das lieber, ich halte es wirklich kaum noch aus, mein Kopf, weißt du."

„Kommt nicht in Frage! Wenn ich ohne dich erscheine, lynchen die anderen Kollegen mich."

Während sie sich noch Gedanken über diesen Hal Porter macht und ihn trotz seiner Hartnäckigkeit eigentlich recht sympathisch findet, erreichten sie das kleine Bistro.

Als Hal sie mit einem kurzen Blick streift, sagt sie schnell, „ wie hübsch." Über diesen Ausspruch bricht er in Lachen aus. „Du musst wirklich sehr durcheinander sein, hier sind wir doch mindestens schon hundert Mal gewesen." „Ach ja, ich habe es dir doch gesagt, mit mir ist heute nicht viel los."

Die Frau hinter dem Tresen grüßt freundlich. Sie erwidert mit einem Kopfnicken und fühlt sich im nächsten Moment von einer Woge lachender Menschen in den Raum gezogen. „Na endlich, wo wart ihr denn so lange? Hal gib acht, Rita ist verheiratet!" „Spottet ihr nur, jedenfalls habe ich sie euch herschleppen müssen, war ein hartes Stück Arbeit." „Du Angeber!"

Schon hält sie ein Glas in der Hand mit irgendetwas Scharfem. Mindestens zehn Arme stoßen mit ihr an.

Wie beneidet sie die Andere, die so begehrenswert zu sein scheint. Auch sie war einmal ein gefeierter Star, bis der Unfall alles vernichtete. Sie konnte seitdem nicht mehr tanzen, es wurde still um sie. Die Ballerina war für das Publikum gestorben und der Mensch, nun ja, mit dem war sowieso nicht viel los. Seitdem lebte sie zurückgezogen, bis diese einmalige Chance sich bot. Sie griff mit beiden Händen zu und zögerte nicht lange, Geld und Rolle zu übernehmen. Was interessierte sie sich für die Probleme der anderen Frau, solange sie nur das Geld bekam. „Hör mal Rita, du könntest ruhig etwas gesprächiger werden, du tust, als ob wir alle Fremde für dich sind."

„Das war bestimmt Jules, der Komiker", denkt sie, „hoffentlich merkt der nichts."

Die Zeit ist bereits fortgeschritten, aus einer Stunde werden zwei, als die Gesellschaft sich langsam auflöst und jeder mehr oder weniger beschwipst sein Zuhause aufsucht. Während sie noch damit beschäftigt ist, Hal Porter abzuwimmeln, fährt ihr bestelltes Taxi vor. „Danke Hal, nett von dir, aber ich komme schon allein nach Hause." Sie gibt dem Chauffeur die Adresse an und kann endlich aufatmen. Während der Fahrt überlegt sie alles Weitere.

Ihre Auftraggeberin Rita Flanders wohnt an der Peripherie, bestimmt ein vornehmes Wohnviertel. Deren Mann ist auf einer Geschäftsreise und kommt nicht vor Sonntagabend zurück. Sehr schön, sie wird sich also ein geruhsames Wochenende gönnen.

Morgen braucht sie nicht ins Studio und kann so neuen peinlichen Begegnungen und Fragen wunderbar ausweichen. Abends ist dann alles überstanden. Als das Taxi hält, zahlt sie und betritt eines der Appartementhäuser. Schnell bringt der Lift sie in den sechsten Stock.

Sie findet das Schild mit der Aufschrift „Flanders". Während sie den Schlüssel langsam im Schloss herumdreht, fühlt sie sich wie eine Einbrecherin.

Zur gleichen Zeit räkelte sich die wirkliche Rita Flanders wohlig auf einem Leopardenfell vor dem Kamin ihres Landhauses. An ihrer Seite ein ebenso schöner, wie aufregender Mann.

„Immer genieße ich diese gemeinsamen Stunden mit dir Darling. Wann endlich gehörst du mir ganz? Ich mag nicht mehr verstecken spielen, nur weil du es so wünschst."

„ Tonylein, ich habe nicht den Eindruck, dass ich dir jemals etwas aufgezwungen hätte, oder?"

Mit einem sehr selbstbewussten Lächeln zieht sie den Mann zu sich heran und flüstert ihm zärtliche Worte ins Ohr. Dann sagt sie halb spielerisch, „Du willst doch nicht, dass ich ihn umbringe, so etwas kann ich unmöglich tun. Ich werde mit Bob reden, vielleicht gibt er mich frei." „Das glaubst du doch selber nicht, niemals wird er zulassen, dass du einen anderen Mann liebst."

„Aber Liebling, das weiß er ja gar nicht, komm, lass uns schlafen gehen, diese Gespräche führen zu nichts und jedes Mal regst du mich damit auf." „Entschuldige Rita, ich bin so entsetzlich eifersüchtig auf alles, was mit dir zusammenhängt, ich weiß, dass du dir jede erdenkliche Mühe machst, um unsere Lage zu erleichtern. Du, das mit der Doppelgängerin war eine fabelhafte Idee, wo hast du die denn gefunden?" „Auf der Straße mein Lieber, sie ist mir einfach begegnet, und dann habe ich sie angesprochen.

Ich bemerkte sofort die frappierende Ähnlichkeit mit mir, da stand ich tatsächlich meiner Doppelgängerin gegenüber. Wir brauchten eigentlich nur ein bisschen ihr Makeup zu ändern, ihre Haare meiner Frisur anzupassen und auch figürlich entspricht sie meiner Kleidergröße, sodass sie auch meine Garderobe tragen kann.

Schwieriger war es dann mit dem Studio. Wir haben Stunden gebraucht, bis ich ihr alles erklärte und sie auch meine Art zu sprechen übernahm. Hier gerade zeigte sie ihr großes schauspielerisches Talent. Sie spielte ihre Rolle so großartig, dass meine Kollegen und auch Bob am Fernseher nichts gemerkt haben, selbst ich wäre fast der Täuschung erlegen. Übrigens wie spät ist es eigentlich." „Schon nach Mitternacht, mein Schatz." „Na dann klappte ja wohl alles bei ihr, sonst hätte sie mich bestimmt schon angerufen." Bewundernd mustert Tony seine Geliebte. „Rita, du weißt nicht wie sehr ich dich liebe, du wirst immer die fabelhafteste Frau in meinem Leben bleiben."

Nachdem sich die Doppelgängerin in die weichen Kissen des französischen Bettes fallen ließ und mit der nötigen Bettschwere des soeben genossenen Alkohols in das Land der Träume sank, dreht sich an diesem Abend noch einmal ein Schlüssel im Schloss der Wohnungstür.

Auf leisen Sohlen und ohne im Foyer Licht zu machen, betritt Bob Flanders seine Wohnung. Vorsichtig schlüpft er durch die nur angelehnte Tür des Schlafzimmers und geht auf das Bett zu.

Das Zimmer ist vom Mondlicht erhellt und so kann er genau das Gesicht seiner vermeintlichen Gattin erkennen.

„Da schlummert sie, die falsche Schlange", denkt er. „Warte nur, dir werde ich beibringen deinen Mann zu betrügen, du meinst wohl, ich hätte dich nicht während der letzten Monate beobachten lassen. Hat dein Tony an diesem Wochenende keine Zeit für dich gehabt, he? Na ist ja auch egal, jedenfalls weiß keiner, dass ich schon zurück bin."

Mit einem hämischen Grinsen zückt er nun ein Messer und stößt es bis zum Heft in die Brust der vor ihm liegenden, schlafenden Frau. Im Todeskampf bäumt diese sich noch einmal abwehrend auf, dann fällt sie in die Kissen zurück. So, das wäre erledigt. Wohin jetzt mit der Leiche? Den noch warmen Körper wickelt er in das blutverschmierte Bettlaken und schafft ihn hinter sich herziehend zum Aufzug.

Niemand da, wer sollte auch um diese Zeit unterwegs sein.

Der riesige Kofferraum seines Wagens bietet genug Platz. Hinein damit, nun schnell den Wagen anlassen und weg.

Leise vor sich hinmurmelnd, als ob die Tote ihn verstehen würde, denkt er, „so meine Liebe, du wirst keinen Zuschauern mehr guten Abend wünschen und kein Toni schließt dich in Zukunft in seine Arme, hast du verstanden." Mit diesen Gedanken fährt er durch die einsamen Straßen und auch hier begegnet ihm keine Menschenseele. „Wirklich perfekt", denkt er, „ich bin ja weit weg auf einer Geschäftsreise."

An einem steilen Abhang hält er an, steigt aus, öffnet den Kofferraum, hebt die Leiche heraus und wirft sie die Böschung hinunter. Polternd rollen einige dicke Steine hinterher. Als ob er sich von Schmutz befreien muss, reibt er seine Hände aneinander, dann begibt er sich in ein nahegelegenes Motel mit der Absicht, dort den Rest der Nacht zu verbringen. Morgen wird er dann wie vorgesehen in seine Wohnung zurückkehren.

Es ist Sonntag, Tony und Rita sitzen noch bei ihrem ausgedehnten Frühstück, „hör mal Tony, ich habe so ein Gefühl, als ob es nicht gut ist, wenn wir bis zum heutigen Abend hierbleiben, lass uns lieber fahren."

„Rita, du machst mich noch verrückt mit deinen ewigen Vorahnungen, was kann denn schon passieren." „Tony, du weißt doch, dass ich mit meinem Double die verabredete Zeit einhalten muss, deshalb hat es keinen Zweck. Bring mich zurück, ich verspreche dir auch mit Bob zu reden. Er soll alles über uns erfahren."

„Ich kann dich wirklich nicht verstehen, es ist doch alles bestens geregelt, zeitlich kommst du ebenfalls zurecht, entspann dich und denk an deine Nerven."

Voller Sorge und sehr zärtlich legt Tony seine Arme um ihre Schultern. „Komm, mein Schatz, es scheint ein wunderbarer Herbsttag zu werden, lass uns die letzten Sonnenstrahlen genießen." Sanft führt er die zierliche Frau auf die Terrasse und ganz allmählich gewinnt Rita Ihre Gelassenheit zurück.

Tony hat ja recht, denkt sie, warum soll ich es uns schwerer machen, als es ohnehin schon ist.

Erst am späten Nachmittag fährt Toni seine Rita in die Stadt zurück.

In glücklicher Stimmung und in der Annahme, vor ihrem Mann zu Hause zu sein, erreicht sie ihre Wohnung. Ein Blick ins Wohnzimmer gibt ihr allerdings Grund zur Beunruhigung.

Als sie den Raum betritt, ist sie erstaunt, ihren Mann schon gemütlich rauchend im Sessel sitzend, vorzufinden.

Dieser jedoch springt bei ihrem Anblick entsetzt auf, Zigarre und Zeitung entgleiten seinen Händen. Den Mund halb geöffnet, nichts begreifend, murmelt er einige unverständliche Worte.

Etwas anderes noch zu tun, hat er keine Zeit mehr, denn ein plötzlicher Krampf lässt ihn zur Brust greifen. Mit stierem, verständnislosem Blick auf seine wundersam auferstandene Frau, sackt er in sich zusammen und fällt leblos zu Boden.

*****

Elke Haut (Pseudonym)

geboren in Stettin, lebte in Berlin, Düsseldorf, Stolberg.

Examinierte Graphikerin, Buchillustrationen, Design, Aquarelle, Ausstellungen im In-und Ausland

Heilpraktikerin Schriftstellerin